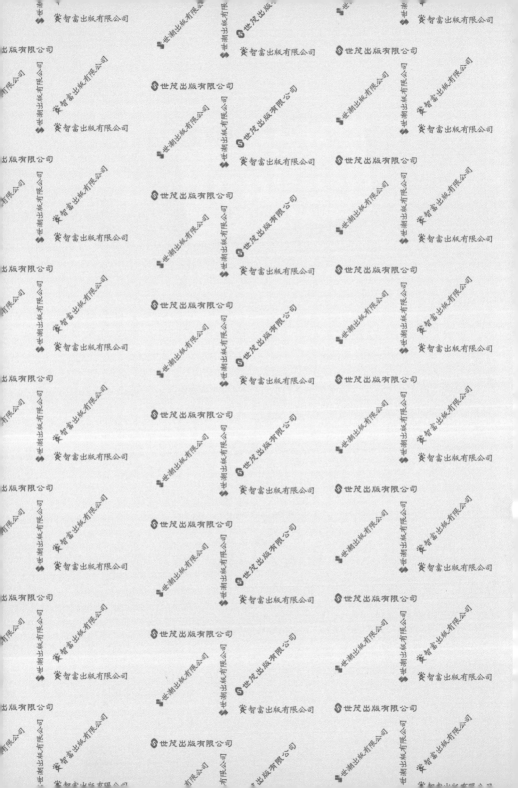

私がマッキンゼーを辞めた理由 —自分の人生を切り拓く決断力—

# 辭掉麥肯錫，勇敢做自己

日本諧星
石井輝美◎著
簡毓棻◎譯

# 前言——給麥肯錫的最後一封信

即日起，本人將從麥肯錫顧問公司離職。

在職一年多的時間，受到同事們的各種協助，我由衷感謝。

當初，因嚮往有「解決問題的專業集團」美稱的麥肯錫顧問公司，而進入公司就職，我深信這段時間學到的解決問題技巧，除了在工作上，對我今後的人生發展，也會是極大的助力，有幸能在這樣的環境工作成長，我感到非常開心，也非常驕傲。

我已經準備好，要轉往演藝界發展。

祝福大家鴻圖大展，幸福快樂。

未來有需要幫忙之處，還請多多指教。

最後，再一次感謝各位。

石井輝美

二〇〇九年八月，最後一天的上班日，我寄了一封離職信給公司全體同仁，宣告自己將離開世界知名的外資顧問公司——麥肯錫的日本分公司，結束為期一年四個月的上班族生涯。

自離職後，到二〇一三年七月，我的身分是日本渡邊娛樂經紀公司的諧星，資歷已邁入第三年，最近終於能站上舞台，享受、表演自己設計的橋段，讓觀眾開懷大笑。

我以諧星的身分，成為一個表演者，報章雜誌和職場相關的網站，會刊載我的專訪，相關單位也邀請我去大學演講。通常問我的問題，都是以下這幾點：

・為什麼要離開麥肯錫顧問公司？
・覺得麥肯錫顧問公司工作量過大，轉往一般公司任職即可，突然轉換職場成為諧星，原因是什麼？

・你父母是否反對？
・在麥肯錫顧問公司的工作經歷，是否有助於你演藝界的工作？
・麥肯錫顧問公司與諧星屬於完全不同的領域，請問兩者有沒有相似之處？
・當初在麥肯錫顧問公司上班，你是否也是大家的開心果？

起初出版社邀請我寫書，我覺得他們一定搞錯了，我既不是「用麥肯錫顧問公司所學到的本領拿來創業」，也不是一個收入豐碩的諧星。但離開麥肯錫顧問公司，一躍進入演藝界這個完全無關的行業，這個經驗只有我能述說。一想到我在演講，從聽講者反應的各種心得回饋與問卷迴響，就希望有機會，把我的心路歷程與發生的故事，傳達給更多人知道，為此我願意提筆寫書。

最近幾年，書店出現不少離開麥肯錫顧問工作的人，出版相關的商管書籍。我認為，這些都是在麥肯錫工作時期有非凡表現的人。而在這家公司只有短暫工作經歷的我，想要分享麥肯錫式問題解決方法，根本不適合，所以我沒有考慮要寫這樣的一本書。但是說到「離開麥肯錫顧問公司，成為諧星。」我都覺得很丟臉，連自己都不相信的決定，需要極大的勇氣，我認為，的確需要利用我在麥肯錫顧問公司學到的解決問題技巧。我在離職書裡寫到「我深信這段時間學到的解決問題技巧，除了在工作，對我今後的人生發展，也會是極大的助力。」的確如此。

讓我痛下決心離職，關鍵是我在麥肯錫裡學習到的態度：「即刻判斷、即刻決定、即刻行動」。我把這樣的思考方式，從工作場合運用在我的人生。我自問「怎樣才能讓自己的人生不後悔。」內心出現的是「成為諧星」這個極端假設，為了檢視這個假設，我必須要立即採取行動。

「人生只有一次。」這句話很籠統，但我深切體悟到，我並不想要在臨死前才後悔地說：「如果我能放手去嘗試想做的事……。」「早知道我就更大膽面對人生。」等等。所以我痛下決心離職。自從辭職後，總會聽到身邊的人說「好可惜」，是否可惜，要看每個人的定義。對我來說，真正可惜的不是金錢與頭銜，而是沒機會挑戰想做的事，庸碌的過一生。就算自己想挑戰的事，對別人來說根本不屑一顧，我也不後悔。

只要是想做的事，哪還會在乎別人的眼光！一旦在乎，就會受限。如果你只是想「如果我有另一個人生，我想做什麼？」或是老跟朋友提起「如果有下輩子，要做什麼？」不重視自己的心聲，你就沒辦法成就任何事業。

「痛下決心」對我來說，是一條非常孤寂、坎坷的路，需要無比的勇氣與力量。要痛下決心，就要夠果斷。曾經，我想要肯定自己的決定，而瘋狂閱讀如何做決定、採取行動的心理勵志書籍，但卻找不到一本是作者親身挑戰、經歷的書籍。所以，我想特別寫這本書，獻給無法做決定的人。

對親朋好友來說，一路往菁英之路邁進的我，為何辭去麥肯錫的工作，又如何能放下麥肯錫的工作，都滿腹疑問。從我下決心轉換跑道以來，已過了幾年，現在的我過得如何？在想什麼？我提出的疑問，都將在本書解答。

這本書要講的是我離開麥肯錫成為諧星的心路歷程。

如果看完這本書，能幫助裹足不前的人痛下決心，我寫這本書就值得了。

石井輝美

# 第二章 我的決定

## 第三章 勇敢做決定

# 第一章

# 在麥肯錫學到的事

## 信的後續

那封辭職信是有後續的。我在這信件附加了一個 pdf 檔案。那是諧星訓練學校 WATANABE COMEDY SCHOOL 的錄取通知書的掃描檔案。因為郵件主旨旁會出現個迴紋針模樣的附加檔案符號，發現這個符號的人就會知道這封信是有個附加檔案。

原本我沒打算要這麼做。通常離職通知的郵件多半只會寫著對同事們的感謝之言、離職前的心情感言、以及未來新職場或是聯絡方式等等，我是跳過接下來的計畫，只寫了感謝內容後就寄給公司的全體同仁，打算乾脆的離職。

當天跟我同期進公司的同仁恰好完成手邊的專案，所以陪我閒聊一會兒。聊天時，我的電子信箱一下子湧入三、四封，跟我關係不錯的前輩與主管的回信。有位很早就知道我想法的前輩，在信中嚴厲地指責我「未來要當諧星的人，竟然是這副畏畏縮縮的模樣！」

當我不知該如何是好時，有個女性經理發現我當天帶到公司的合格通知書，就提議把通知書一起附加在郵件。

快速掃描了合格通知書，我發現信中只寫了「要轉往演藝界發展。」現在回想起來，或許是小事，但麥肯錫是一間不能容許員工在給全體員工的信件中犯錯的公司，當時我擔心做錯事，所以將一起想辦法的同事都納入連帶責任範圍，把郵件副本c.c.給所有人，將這封有附加檔案的離職信寄給了公司的全體員工。

麥肯錫的員工們無論何時都會使出全力。工作當然如此，被稱為Year End Party的年終聚會等的公司內部活動也是，就算是即將離職的我也不例外。

已經走到這個地步，接下來就是海闊天空。現在已經有很多人發現我在離職信中附加的檔案。把電腦交還給公司，心裡有種瀟脫的感覺，懷抱著這種感覺走在辦公室，身邊突然出現許多人跟我說「你給了我勇氣。」「心情雖然沉重卻有精神。」同期的友人告訴我「大家都很興奮。」給我支持的人告訴我「你的生涯目標已經貼在員工餐廳的佈告欄裡，所以聚集了這麼多人。」

自從決定要換工作，我始終無法跟支持我進公司的同事說出「我要成為一名諧星」的話，最後我和同事在電梯間相遇，笑著跟我說「要當個諧星喔！」我才終於安下心來。直到那個時候，我才深深感受到自己根本無須隱藏，這是間相當寬容對待員工的公司。

麥肯錫是個極度要求嚴格專業的地方，一旦離開公司，卻又成為溫柔接納的公司。正因為獲得許多前輩與同事的鼓勵與支持，我最後一天上班日才能順利結束，這真是我極大的榮幸。

從麥肯錫離職的人，之後在各個領域也相當活躍。雖然成為諧星是先例，這帶給公司極大的衝擊。或許我的那封離職通知，現在仍是「傳說中的離職信」。

## 選擇工作的三個堅持

現在把時間追溯到當年參加就職活動，當時我在二〇〇八年四月以應屆畢業生身分進入麥肯錫日本分公司。企業就職活動開始於前年二〇〇七年的一月。由於我在二〇〇六年的六月到十二月都在菲律賓的亞洲開發銀行實習，所以我的就職開始得比較晚。但對一路從東京大學到東京大學研究所讀書的我，對選擇工作有三個堅持。

1. 能帶來自我成長的公司
2. 能從事國際性工作的公司
3. 能創造價值，貢獻世界的公司

這三者聽來雖然簡單，但以我在大學以及研究所就讀，曾在海外多數國家實習的經驗，這三項堅持形成我對工作的要求重點。我沒那麼具體知道自己想做的事，倒是懷有相當自信，相信自己對事情感興趣就能樂在其中，只要有這三個堅持，任何公司都會雀屏中選。在參加面試時，我會把這三項堅持列入選擇工作的動機。

我曾在綜合商社、海運公司、管理顧問公司實習過。我有就職意願的公司，每一家我都會認真去拜訪五位前輩。雖然我沒有讀過關於如何找工作的書籍，也沒有做過自我分析，或是拿別人的履歷來修改。因為在學生時代無論是讀書或社團活動，甚至在海外實習，我都過著非常充實的生活，所以，面試時的任何問題，我都能非常有自信地敘訴自己的經驗。

後來我才知道，學生時代的「自信心」，其實有大大的誤解。

日系企業的徵才通常會從四月開跑，會先由幾家外資企管顧問公司開出第一砲。雖然當天我參加了企業的筆試，但其實心裡想著「就當作是準備就職活動的練習好了。」我身邊的東大生抱有這個態度的人非常多，在東大超熱門的麥肯錫，是以神格化的態度對待員工，我也曾非常憧憬這家公司，到現在我還記得當時滿心期待去面試的心情。當時我想著「到底麥肯錫的考試是如何，我會考得如何？不過，反正也不會考上，那就好好享受過程吧！」

## 沒想到，麥肯錫決定僱用我

當我意識到自己會在麥肯錫上班，是在菲律賓的亞洲開發銀行實習。當時菲律賓首都馬尼拉面臨汽車的廢氣污染，當時我正研究「空污的解決對策對社會制度上實現的程度為何？」工作內容不是找出問題，提出解決辦法，而是為了證明解決方法可行，需要前去採訪某些人，取得某些資料，這些工作都是我負責的。一想到「這樣的工作內容跟顧問公司在做的事業內容差不多，我就認為自己能勝任工作。對於一向有行動力的我來說，真是太適合了。」會「勝任」是有原因的。

我以文組的身分進入東大，到了大學三年級，轉系到工學院，原因就在我心裡有個自己不屬於文組也不屬於理組的情結。管理顧問公司，不會考量文組或是理組的專業知識。我大學時，改變組別後也能順利讀完研究所的經驗，就能證明我「能適應新環境並願意努力，而且極有效率」是管理顧問公司需要挑戰新世界的人。

我在麥肯錫的最後一關面試，就是把上述優點當作我想加入麥肯錫的動機來說明。面試時，對方很慎重地從「石井てる美（石井輝美）小姐，你的名字裡只有一個漢字」開始，問了我的優點與缺點、在研究所學習的內容，以及除了顧問公司以外的希望就職職種與理由。

我完全沒想到會被錄取，面試經驗對我來說只是個考試紀念，我完全不緊張，以最真實的自己去面試。最後一關面試時，面試官是相當資深的顧問，內容還包括了即時口頭問答的案例訪問，費時約一個小時。面試問題有「推測某個汽車製造商的國內年間新車販賣台數」來推定，與「如果想要提升美容院的營業額該怎麼做」等試題。我之前就是研究與汽車產業相關的題目，所以依照經驗直覺作答，美容院也是相當生活化的問題，我覺得自己很幸運。

曾在海外實習的經驗，認知到「記人名的重要性」，當場也順利地展現記人名的獨門絕活，我從面試一開始的自我介紹，就把面試官的名字牢記腦海，在面試最後再自然地使出。

面試結束，我的臉頰跟額頭都是汗水。我全身充滿了全新經驗的爽快心想，「麥肯錫，這輩子可能無緣再來了。」回程，我心中吶喊「這真是個美好的經驗，好感謝！好感謝！」

沒想到，後來我收到錄取通知。研究室的指導教授以及大學的好友反應都是「被世界頂尖的公司錄取，沒有不去的理由。」甚至連我的法國好友都催促我「你先去麥肯錫上班，萬一中途辭職，之後要轉換其他公司也可以，收到錄取通知，就要去上班。」

當時我最擔心的是「大家對我的過度評價」。我自知不是腦袋聰穎的人，面試時我甚至直言是腦筋轉不快的人，應該不會有人這麼坦白吧！

能獲得東大生夢想的麥肯錫錄取，我感到非常開心。因為在大學時期，我付出過相對的努力、累積自信，才能走到這一步。

麥肯錫是要求人們要更往上伸展，也就是要更能挺直腰桿繼續成長的公司。面試時，面試官也告訴我「能將『不可能』以必死的決心轉換為『可能』的是挑戰」。因此，我改變了想法，覺得好不容易獲得錄取資格，若不去嘗試還真說不過去，當初我都順利從文組轉成理組了，如今再挑戰麥肯錫，應該能勝任。

雖然覺得這家公司不適合我，但認為這家公司的資歷應該是幫助我找到真正適合自己職業的跳板，我決定要到麥肯錫上班，其他公司的面試也停了下來。

當初我不過是一名獲得大學生夢想企業錄取，無法容許自己脫出菁英軌道的東大生。幾乎所有的東大生都像我一樣，一開始就應徵一流企業。現在回想，很像是「被推著往前走」，那時我壓根不覺得大家的就職選擇有什麼問題，只覺得現實人生就是要在社會價值觀認可的框架中生存，相互競爭，讓自己在「只能去一流企業集團工作」的價值觀生存。東大生除了獲得像麥肯錫這一類，能讓社會地位具體的超級一流企業錄取外，別無選擇。我沒打算評論好壞，因為那時，我就是秉持這樣價值觀的人。

面試時，我從來沒有把「成為諧星」作為現實考量。

## 每天都全力以赴

我正式進入公司後，感受到麥肯錫是「以百米賽跑的速度，去跑馬拉松的公司」。因為麥肯錫的客戶都是大企業。對我來說，有種碩士論文截止日前一週的緊張感。公司對大企業的案子收取高額費用，因此一定要協助解決，所以員工的工作量非常多，而且還要求維持極高的品質與速度。

被社會神格化的麥肯錫，這樣的公司都在做些什麼？為什麼大家都很憧憬？我感到不可思議。

我不覺得這家公司有什麼特別。在這家公司可以找到非常多優秀的人才。有很多快速吸收工作內容就能快速展現成果。確實掌握工作要領的人，會展現出全力以赴的樣貌。同事都很熱愛工作，運用在麥肯錫學習到的工作術，用盡全力認真的工作，麥肯錫就是這麼一家企業。

我記得只有第一天下班時與同期進公司的同仁們聚餐，隔天的社內研修，每天都快晚上十二點才能回家。當初以為社內研修可以早點回家，數月前買的英國樂團「DURAN DURAN」近萬元的門票最後也無法去。

社內研修進行一個月後結束，我馬上被安排到航空公司的戰略專案小組工作，開始了沒日沒夜的工作生涯。身為新進社員當然會出席客戶的會議，也被賦予職責，還被交代要疲於奔命地處理各式會議簡報資料。如傳言般，從我第一天加入這個專案小組開始，就被要求表現優良。即使半途加入計劃，公司也沒有給我深入了解專案內容的時間，也沒有前輩一一指導。我為了不讓自己陷入落後，只能奮力搏鬥。

顧問工作是在同事間激烈的討論以及極快的速度進行工作，多數情況，我不敢說出自己的意見，覺得說了也不會被採納，加上工作量大（那時，我不知道如何有效率地工作），回家時經常已經凌晨。但專案被視為活躍且具有挑戰性，我即使應對不那麼純熟，也意識到「剛進公司就被賦予這麼重要的工作，不愧是麥肯錫。」，這麼想就覺得即使忙碌也值得，心裡也很開心，就這麼過每一天。

我使盡全力過生活的過程，也曾發生過這樣的事。某個廉價航空公司為了擴張事業版圖，需要收集其他同業的控制成本情報的需求。於是，我們打電話給某個海外公司的宣傳部門（這樣做需要極大的勇氣），連打三次後終於得知對方降低成本的相關情報。把得知的情報以圖表整理，彙整成簡報，後來客戶看到相關簡報，高興地說「你們做得實在太好了。」我在第一年的最初計劃，曾做出被稱為「殺手級圖表」的超強簡報。身為一位菜鳥顧問，我稍稍體驗到達到目標的成就感。不過，這份成就感是最後的成功體驗，對當時的我來說史料未及。

在麥肯錫，即使是菜鳥也會被要求「提供價值」。常有人說「麥肯錫以一般公司的三倍速在成長。」關鍵在要求員工要提供自己的價值。有個同期同事曾說，以超快速度進行工作的「密度」，搭配要求較長的「工作時間」，難怪會是三倍速成長，不管你願不願意都必須背負成長的負擔。

在進入公司最初的專案，因為實在太忙碌，我連去買咖啡的空檔都沒有。即使是以計程車移動到別處的短暫時間，也都要拿著電話線上開會。我被上司叮囑過「吃飯吃得太慢了！身為顧問要吃得更快點！」上班時叫外賣，邊吃著便當邊開會是很平常的事。

在被時間追著跑的工作，菜鳥時期的我，連跟朋友喝酒聚餐，都會有罪惡感，心裡老想著「這樣做好嗎？」當時我的生活除了工作、還是工作。

對我來說，初次的社會菜鳥經驗，忙得我對這樣的狀況感到疑惑的時間都沒有，只有埋頭全力以赴。記得有次與同年進入其他公司工作的大學校友聊天，才知道他們身為新進人員正致力尋找聚會與招待同事的餐廳。聽他這麼說，我才明白大家口中「如果想要快點成長，要進入顧問公司才行。」的說法。招集與招待同事聚會的技術在商場是不可或缺的，這件事我到那時才了解。

這樣的情況只限於新入員工的話，更往上層看就會知道並不是如此。在麥肯錫裡，不論是老闆或是員工，任何人都在各自的崗位賣力貢獻。麥肯錫裡有兩個使命，其一是「顧客・關心・快速」。意思是，對顧客提供的價值及印象是最優先的事項。為了對顧客提供的價值最大化，我們犧牲睡眠與飲食，我們都是用生命賣力的工作，真的很「奮鬥」，能有機會身處那樣的工作方式，是相當難得的經驗。

以上所說，是我的個人經驗。但同期同事裡也有人從未參與某個專案直到深夜的工作經驗。因為麥肯錫的專案有各種型態。

## 即刻判斷、即刻決定、即刻行動

進入麥肯錫工作，最令我感動的是，我變得無論做什麼都能迅速應對。要做到迅速應對很簡單，但應對必須「快速」且「迅速」。

假設有個專注於研發的公司的官方網頁。想從這家公司獲取情報，不論對方是外國公司或是名不見經傳的公司，我都會立即打電話過去。我們不會有「等一下再打」、「明天再說」的想法，甚至連猶豫的時間都不可能出現。當我正以 EXCEL 程式計算，經理會催促著我說「石井小姐，你現在的速度只是一般人的速度！」當然我並沒有要拖拖拉拉的工作，而是以「正常的」速度進行。所以心中經常會吶喊「我會認真做好，請再給我一些時間吧！」麥肯錫經常要求的就是「超乎正常」的速度。

管理顧問公司的工作首先稱為「issue（議題）」，特定為應該要解決的問題，我們必須對問題的解決對策先設立「假設」。假設是否為真，需要許多的情報來驗證，一旦發現假設錯誤，就要立刻改換另一個假設，整個過程就繞著「假設思考」進行。

無論是為了驗證假設而收集情報，或是分析情報，都要非常迅速。一旦得知假設錯誤，我們不會為了之前投入的精力與勞力感到惋惜，甚至連斷然捨棄的速度都很快。必須在有限的時間內，找到更精確的好對策，因此，勢必要加速這樣的循環，從結果來看，所有的行動都要非常快速。在這樣的環境工作，讓原本天性懶散，凡事非要火燒屁股才動手去做的我，養成了「即刻判斷、即刻決定、即刻行動」的態度。

本書一開頭，曾跟各位分享過我的離職信，這封信中我也提及「在此學到的解決問題技巧，不只在工作上，對今後人生發展也是極大的幫助。」

我把在麥肯錫學習的，最強的假設思考與行動準則，運用在演藝界的事業，這方法不只限於工作的應用。

假設思考的優點在，一旦發現「假設錯誤」，立刻改換另一個假設就好。以我的狀況來看，我發現「當諧星是錯的」時，立刻放棄，轉換到尋找其他的生存方式，這麼想，面對挑戰的心情馬上變得輕鬆，而且也找不挑戰的理由。

教我「想到就立刻行動」的是麥肯錫。一旦少了這項態度，我想成為諧星，也都會被我習慣拖延的個性延遲。麥肯錫教導我的是「開拓自我人生的決定力」。

## 借力使力不費力

麥肯錫裡，我們總是不斷在付出，公司會要求員工提出成果。我加入專案計劃後，公司不讓我花時間在「為了跟上計劃的資料讀取」，而是馬上要求我做出成果，對團隊貢獻價值。

麥肯錫常要員工運用「槓桿原理」。意思是，用最少的力量去移動大的物體，這是在金融界經常使用的辭彙。這個原理在麥肯錫中代表「活用人力」，意思是能依靠他人時要毫不猶豫，不需要自己處理的事情，絕不處理。「槓桿原理」是在這樣的邏輯之下被使用。

公司要求我們要「找時間用腦力」。要先想像最後的成果，然後再思考如果要在最短時間達到目的，該請託誰、請託的內容如何，得到的成果屬於自己的功勞，達成的結果向組織提出。我進公司後，為了要早點做出專案計劃裡團隊成員所需的資料，而用盡全力，過程中，我充分理解麥肯錫的員工能在極短時間內完成大量的工作，都是因為將槓桿原理發揮到最大極致的關係。

老是抓不準要領的我，原本一直不擅長要借他人之力來做事。大學時期，我從未翹過任何一堂課。日本大學生通常在週一的第一堂課，會請同學代為點名。大學時期就非常認真的我，認為那樣的行為太狡詐。懂得變通的同學總是利用那樣的時間去讀其他的書或補眠。一些人在考前向其他同學借講義，快速閱讀後，獲得極佳的成績。我覺得那些人才是有效率的人。並不是要說乖乖去上課不好，只是引用這樣的例子來說明，為了要有成果而採用最省力的好處。

在麥肯錫整理資料，有時需要翻譯國外公司的網頁。因為我喜歡英文，也喜歡翻譯資料，在做這個工作時，反而不覺得自己在工作，這在麥肯錫裡是不被容許的。公司內部就配備有專業翻譯團隊，只要請託對方即可。公司內部還有其他如幫忙做簡報檔與專責研發的部份。我原本以為一個人只要努力就好，但努力的方法如果錯誤是不行的。如果不使用腦袋思考，把時間花費在埋頭苦幹，對一心想要努力的人，一點成果也沒有。

每個人一天只有二十四小時，能盡力的時間很有限。管理顧問重點在解決問題，工作重心在找出可以請託的人與事，以最省力的方式請他人幫忙達到最大的成果。

熟悉這樣的工作模式後，經常思考如何在最短的時間內產生最佳的成果。進公司一年後我才熟悉這樣的做法。

## 有貢獻價值的人

麥肯錫裡，有兩句經常會出現的標語，一是「影響力」，另一是「議題」，工作最常被拿出來說的是「價值」。

麥肯錫在乎的是「價值」，常要求員工經常檢視自己是否有拿出足夠的價值。表現若是沒有價值就毫無意義。會議中無論新舊員工都要發言，貢獻一己之力，絕對不可能有「在會議中毫無貢獻的成員」的情況。不論年資深淺，立場如何，一提出有價值的意見就會獲得尊重。

「價值」的意義，可以延伸到「只要能得到客戶歡心」。在麥肯錫，經常會把某人的興趣誘導出來，稱為「正中紅心」。之前我想對客戶提出重點圖表，就先做了一份給經理看，但被否決掉。我確信那張圖表是客戶心理想要的，於是不顧經理反對，直接呈給客戶看，沒想到結果「正中紅心」。事情發展成這樣，經理變得不會催促我要修改那張圖表。藉由這件事，我了解，就算團隊的上司有意見，最後只要客戶開心、驚訝、感動，一切都沒問題。

我學到，能討客戶歡心才是一切，客戶願意接受，前置作業過程一點也不重要。當我在諧星訓練學校，提出自己的發想，然後被嘲笑，我就會想著，只要發想能獲得青睞，一切就值得了。在諧星訓練學校，老師經常告訴我們「只要能讓人笑就贏了。」「只要別人接受，什麼都無所謂。」這個想法完全跟麥肯錫的「有貢獻價值的人，才是贏家」一模一樣。

## 擁有強烈的標準

在麥肯錫工作，員工會預先設想「假設」。公司會要求我們要「有標準」。也會被要求「找到自己的立場」，這表示要清楚、明確掌握自己的主張。當你說出自己的假設，絕對不能態度搖擺地說「可能是這樣。」「任何選項都差不多。」等等，假設沒被推翻，就要強烈堅持自己的意見。這樣的態度，雖然容易出現正反意見，更能加速討論議題。當經理質問我意見，我給予曖昧的答案，如「我覺得怎麼樣都好。」他就會說「石井小姐請要有自己的立場。」

假設現在有客戶對選擇A方案還是B方案感到困惑。無論是A方案還是B方案，兩者皆有各自需要克服的部分與優勢（後面我會提到，麥肯錫要求的是超正向思考，不使用「弱點」的負面詞彙）。顧問絕對不能說出「兩者皆可」的說法。身為一個顧問對客戶斷然提出「基於這些理由，因此應該選擇方案Ａ。」的建議前，必須事先重複做各種驗證。從客戶的立場來看，如果特意花錢找人諮商，結果得到「兩者皆可」的建議，就失去請託管理顧問公司的意義。為了在最後讓客戶心甘情願地接受顧問公司的建議，身為顧問就必須要有決心堅持自己的「標準」。

後來在諧星訓練學校，老師教導我們要徹底找「自己的角色個性」以及「自己的特色」。剛進入學校時，我完全不清楚自己到底想要做什麼、無法分辨有趣與否，以懶散的狀態做著表演，曾被老師打槍「你必須要自己知道想要做什麼，想要以什麼內容呈現給觀眾，把這樣的心意傳遞出去才行。」經過歷練，現在，我已經懂得重視「知道自己要做什麼」的標準。

## UP or OUT不斷成長的人才能勝出

麥肯錫裡的職位，從進公司第一年菜鳥階段的商業分析開始，到合夥人的共同經營者，共分六種職位，依序是商業分析師、顧問（Associate）、專案經理（Engagement Manager）、副董事（AssOciate Principal）、董事（Principal）以及高階董事（Director）。後兩者都是共同經營者。

公司要求員工無論擔任何種職位，每一種職位都要在三、四年內往上升職，且要達到目標。一旦榮登董事的寶座，也不會因此安逸。那裡不會有讓員工某天上班，找不到座位而被辭退的狀況發生，但有個嚴格的規則，那就是「UP or OUT」（升職或是立刻去職），一旦無法繼續成長升職，你會漸漸知道自己再也待不下去。

麥肯錫裡有會隨著每個專案進度，對每位員工進行每半年一次評價的系統，那時我們就能明確知道自己是否能升職，也就是是否有所成長。這個系統用英文表示，一共會有四到五個階段的評價，分別是「很好！成長快速」、「以現在的速度就可以了」、「沒有跟上成長，下次如果沒有突出表現，出局」、「完全出局」。依不同評價，如果無法升上下一個職位，就要另尋出路。也有些人想要離職，但並不是因為評價，而是發現自己想要發展的其他出路，因而離職，另外也有人不滿公司的升遷評價標準而離職，從麥肯錫離開的人都有不同原因。

除剛剛提到的紙本評價，公司內部平時就會有主管以口頭或郵件鼓勵下屬的表現績效，這是公司文化。通常會在半天或一天結束，主管當面告訴我們當天的表現狀況。雖然當面告訴我，做得好的地方及需要改進的地方有益於成長，但這麼做無法讓我們保持平靜。這和諧星，努力想出有笑點的橋段，被否決的結果相同。

麥肯錫，絕對沒有交代員工該做事務的慣例。每週會有一次社內郵件，內容是募集新專案成員的一覽表，由手邊沒有專案正在執行的員工自行應徵，這是社內募集制度。如果看到想要積極從事的專案，必須自行與專案負責的董事與經理談話，向主管表達想從事專案的理由與熱情，積極爭取進入專案工作的機會。這需要的是戰略，讓自己避開不擅長領域的專案，找到容易獲致成果的擅長領域專案。

進入麥肯錫後，一定要持續從事「社內就職活動」。因優秀而在公司內變得有名後，會收到各方專案的邀約。即使沒有進到某個專案工作，也會有支援其他正在進行的專案，類似游擊隊的職位，絕不會有沒工作可做的情形。如果某員工評價很高，就會長時間擔任游擊隊的職務。

麥肯錫對人事評價的優點是「絕對評價」這點。「三個課長職位，由同期的員工爭奪」在一般組織常見的相對評價並不存在。能拿來互相比較的對象，是由之前的評價基準組成的理想成長曲線。如果受組織評估為團隊全員有所成長，全體成員會一起由商業分析師升職為顧問，如果全體成員未達到基準，則不能獲得升遷，以上是麥肯錫系統的狀況。

因為不存在職位之爭，同期同事不是競爭對手，而是夥伴關係。成為競爭對手的，往往都是自己。記得剛進公司沒多久，曾有個同期同事率真地說「讓我們大家一起晉升為顧問吧！」真令人懷念啊！二〇〇八年新進公司的菜鳥加上我共有二十人，現在仍在麥肯錫上班及打算留學後回麥肯錫上班的共有六人。

「要戰勝的對手，是過去的自己，與別人比較根本毫無意義。」這句話套用在演藝界，也很適用。當我看到同期的同事們有很好的發展，內心也會想競爭而企圖奮發，其實一拉高視點看，會知道這樣的競爭根本一點意義也沒有。

## 沒有舒適圈的世界

麥肯錫裡，有句名言是「不能待在舒適圈〈confort zoon〉。」Comfort是指舒適的，或舒爽的意思。意思要我們不能老待在自己覺得很舒適的地方。舒適圈是放棄伸展自己的機會，在這個催促我們快速成長的麥肯錫，是不允許也不存在舒適圈的。伸展自己，要承受壓力。在這樣的公司裡，我們都知道即使使出全力努力，仍離目標很遠，雖然表面一片平靜，同事們還是波濤洶湧地各自努力。當我還是個菜鳥時，常被前輩告誡，「要時刻提醒自己『一旦覺得自己在舒適圈中就要改變』。」果然是麥肯錫，名不虛傳！

諧星的世界也是沒有舒適圈的世界，能賣座就賺錢，不賣座就不賺錢，工作經常充滿挑戰。沒有一刻能停下來好好休息。發想題材要經常挑戰過去的自己，連剛想出來的角色在第一次上台發表，心裡也會非常緊張，雖然有趣也恐怖。而且越用心準備的橋段，在眾人面前表演時越是需要勇氣，一旦發現與觀眾有好的互動，瞬間就會感受到給予這個橋段生命的感覺。雖然表演舊橋段很輕鬆，但如果不挑戰新的東西就無法成長。

## 任何時刻都是「PMA」

麥肯錫裡常說的一個名詞是「PMA」。所謂的「PMA」是「Postive Mental Attitude」的略稱。是指，在任何情況都維持心念正向之意。除了會議中與客戶對話時會經常使用外，有時會被上司與前輩叮嚀，有時同事也會互相提醒。在半夜開會，我們不斷地重複提出假設，前輩也會一直提醒我們要「ＰＭＡ」，不論是在面對難關，我們都會想著自己做得到。如果不正向思考，會無法發揮最大能力，感動人心。執行至此，已到了精神層次。

曾經我以為麥肯錫是引導人往邏輯理性的方向，冷靜地解決問題的公司。沒想到有許多需要埋頭苦幹且複雜的作業程序。即使颱風來襲，外面狂風暴雨，仍要靠著超強動力與熱情努力工作。就算有棘手的難題，我們不會先思考做不到的理由，而是著重於思考應對的方式，為了能應對，必須事前以標準程序因應後續突發狀況。

如同我前面提及，在麥肯錫，不會有負向思考。譬如說，我們不探討「劣勢」、「短處」、「缺點」，而是時時思考「挑戰」、「應克服的課題」、「能獲得成長的點」。把「做得到」當做前提，用克服剩餘課題的挑戰精神來當做因應未來的方向來思考每一個問題。

如果要對每個壓力一一反應，就會毫無止境。顧問經常需要在許多壓力下進行，比方說，要在有限的時間內壓倒性的產出壓力、被評價的壓力等等。因為組織性質的關係，員工經常會被直接指責。有時好人也會被客戶沒來由地指責。通常只要睡一晚，就會忘記。我想如果沒有這樣的功力，就算有好幾個心臟也不夠用，更不可能持續在顧問這行業待下去。

這樣的心靈強度，我絕對不夠。麥肯錫裡沒有簡單的工作，一般的工作是「剛開始不會是正常的」，但在麥肯錫，卻要立刻承受設定好的工作內容帶來的壓力，所以經常膽顫心驚。我當時只要遇上小小失敗，或被上司稍微指正就會很失落。當我向同期或是前輩這些非常優秀的人請教，他們都會說「我完全不在意被罵的事。」「不開心的事睡一覺起來就會忘記。」等答案。還有個前輩甚至告訴我「天地之大，還有其他地方容得下我。」果然，有能力的人抗壓力的強度與常人不同。也可以說他們具有「遲鈍感」和「忽略」的技巧。如果要我現在告訴二〇〇八年四月剛進入麥肯錫的我一句話，會是「無時無刻都要保持遲鈍感。」

保持正向不限於企管顧問這個行業。前幾天，我上一個日本電視節目，有個前輩特別告訴我，他的演藝人生心得是：「在這個行業必需保持正向。如果沒有正向的信念，好運就不會來。我沒見過擁有超高人氣的人會負向思考。」

雖然我表面上看來很正向，其實內心相當負面。小時候，曾有一段極短暫的時間，受到群體的霸凌與言語中傷，從那之後，無論面對任何情況，我都用「只要把可能發生最糟的情況想清楚就沒問題。萬一結果不符合期待不要失落就好。」這樣的思考生存著。我會這麼想，是基於危機管理的想法，在面對不確定的未來，我已學會不用負面思考。正因為這樣，面對事情，我總會先想定正向而充滿希望的未來，推測要如何能達到那樣的未來，認為自己應該要積極努力達成期望。

不論是工作或諧星的工作，都充滿不確定性，所以無法用事先設定好的狀態，毫無偏差地呈現出來。因此，重要的是懷抱正向思考，才能從「我做得到」的想法，引發出巨大的爆發力來應對。

## 自信能打動人心

我在麥肯錫工作時，最常被叮嚀的話就是「要有自信」。這是在前一節的「PMA」正向思考之後，公司對員工在精神層面上的要求，與我們要設立自己的標準有異曲同工之妙。

在客戶面前做簡報，一定要有自信，否則無法順利完成。向客戶簡報，如果沒有自信，什麼也辦不成。客戶不會對看起來缺乏自信、態度扭扭捏捏，說話吞吐的人信服。能讓客戶覺得「眼前這個人對自己的提案有相當自信，這樣的話就來試試看吧！」就算是達到提供價值的最低標準。

我剛到第一個專案小組時，對經理提出的問題，完全沒有辦法自信滿滿地回答。那時甚至想著「現在的我絕對是不明白哪個才是真的好。」在職場根本就沒有「絕對」這兩個字的存在。如果要追求「絕對」，將一事無成。即使牽強，也要建立假設，盡現在的一切力量讓假設的精確度提高，積極懷抱自信勇往向前。

在出門見客戶前，這是非常重要的大事。有個專案小組的前輩，總是在客戶面前自信滿滿地做著簡報。如同某句名言說「與其沒有自信說著正確的事，不如充滿自信說錯誤的事。」當然，這說來有標準的問題，無論何時都絕對不該說錯誤的事，會這麼強調是因為一旦「沒有自信」就會壞事。

實際工作，總會遭遇到手上掌握資訊不完整而沒有自信的狀況。後來我學著，在這樣的情況下，不將內心的不安表現出來，一站在客戶面前，一定要看起來非常有自信。

剛從諧星訓練學校畢業時，有一次在ＦＢ上跟麥肯錫同期的同事聊天。

對方問我「在麥肯錫的經驗，出了公司是否還適用？尤其是你在一個屬性這麼不同的環境？」後來，我回答「有。就是對自己正在做的事情，懷抱自信、秉持信念。因為我知道，如果不這樣，沒辦法把想傳達給對方的事順利表演出來。因為『認真』能打動人心。」對方當時非常能認同並說「在完全不同的環境，也能通用的事，肯定是接近核心價值的事。」

只要將自信表現出來，人生只要傻傻地擁有自信，傻傻地享受就好。我在諧星訓練學校的時候，有個同學當時不論設計的題材橋段如何，總是自信滿滿地表演，全身散發「他好棒」的感覺。

麥肯錫跟諧星有著一百八十度的差異，但我覺得，在顧客第一與提供顧客滿意服務的涵義，兩者的本質沒有差異。

## 在麥肯錫時是開心果嗎？

「你在麥肯錫時，就是開心果嗎？」

這個問題在二〇一二年尾，我在一所名為Goodfind以大學生為主的商業學校的演講中，某個學生的提問。當天的演講題目是「從麥肯錫轉換跑道成為諧星，如何活出自己的人生」。那個學生提出的問題令人印象深刻。

在麥肯錫的工作生涯，我確實有幾次那樣的經驗。

第一次是我初次加入一個航空公司的專案計畫小組時發生的。中國的航空公司空服員制服大多是旗袍，在我們的團隊中把旗袍稱為「亞洲魅力」。有一天晚上，整個小組一起到中華料理店用餐，餐廳的服務生正好穿著印有深色條紋的旗袍，當下我突發奇想地劈頭就對公司經理說「那真是亞洲魅力呀！」說完就被面露嚴肅的經理非常認真地指正「石井小姐，請對自己的專業尊重一點。」其他同組的前輩們也只能看著我出苦笑。現在回想起來，當初雖然經理沒有為我保留餘地之外，公司也並不是不能接受員工開玩笑，但是長大後在眾人面前被責罵，對我來說實在是種恥辱，所以，自從那個專案後，我失去了在麥肯錫裡開玩笑的勇氣。

我在宴會場合中，是屬於活躍型的人物。進公司幾個月後，被指定為公司內部夏天活動「summer barzar」的主持人。在年終尾牙的續攤表演，總是會有新人的專屬表演，我想了個外國人必定會懂的炒熱氣氛的節目「戰慄」（麥可傑克森的歌曲），由菜鳥們一起表演。大家在年終前的忙碌期，抽空在每周五晚上一起跟舞蹈老師學習。當天，由我演出麥可傑克森，其他人則是飾演僵屍。表演很成功，隔天在公司就有不少人喚我「麥可」，因此成為知名人物。

在這個並不是依靠業務員招攬生意，需要能解決客戶的經營難題、需要專業的麥肯錫中，雖然很需要個人魅力，但在宴會中能炒熱氣氛的特質，對組織來說，毫無價值。雖然清楚這一點，但仍驚訝沒有人邀請我參予任何專業。

有個同期交情好的同事告訴我「公司的員工都知道你，明明知道你卻不邀請你加入專案，這比你默默無名還奇怪。」但我離開麥肯錫後，還有個交情不錯的前輩來告訴我「要是早知道你會成為諧星，當初絕對會要你來參加我的專案。」事情到底是如何，還真沒辦法說個準。

## 工作不順利

我的第一個航空公司的專案在七月底終於結束。大概是給了對方很好的印象，所以獲得不錯的評價。難得到了夏天，其實可以休假去玩，但認真、俐落地工作後，想再接再厲的我，卻選擇不休假，繼續接另一個專案計畫。那時，我完全沒想到，這個專案會為我的命運帶來極大的改變。

八月，我開始進入社會調查專案。由於這專案沒有客戶，只有想多了解員工的看法與想法的專案，這個專案實際做起來比客戶導向的專案容易控制。雖然需要諮詢的公司為對象的客戶專案比較會累積自我形象，獲得好評價，不過，我進入的專案長期來說，也會給客戶帶來好印象，所以偶爾做一下，我覺得還好。

經理都會因需要給我一些指導與提示，那時的經理為了客戶專案正忙得焦頭爛額，而我的專案是與一位顧問人員的前輩共組的兩人專案。記得九月前，這位前輩給了我不少指導，但九月快要結束，那位前輩就離職了，只剩下我一個人負責專案。令人不可思議的是，後來專案的目標達成，也沒有事可做，經理告訴我「請先不要離開，很快地就會有新人進來。」繼續把我留在專案裡。

原本，在麥肯錫不會有無事可做的專案，那時我比做航空公司專案時還要無聊，無聊到連我自己都不相信。看著正在為客戶專案忙的同期同事，每個都多采多姿，因而焦慮起來。那時我才剛體驗完客戶專案，理解短時間內能學習的事物有多麼困難，所以心情更糟。

原本九月底就該結束的專案，居然一路拖延到十月，甚至十一月。經理口中的新人根本就沒有出現。雖然我也抓緊時間讀書，但如果跟客戶專案中所能累積的成長相比，我的排位肯定下降，這樣一來，我的焦慮只會不斷攀升。

那年的秋天，時機不好，發生雷曼兄弟事件。雖然是暫時的，但受到間接性的影響，公司接到的客戶專案大幅下降。我向公司的人事室投訴，但對方回應我「現在公司內部也有人無法進入專案的狀況，就算讓你離開那個專案，也沒有其它的客戶專案可以讓你加入。」當場聽聞這樣的回答，我雖然接受，但現在回想起來，那時如果離開那個專案，獨自遊走說不定會比較好。我應該還是可以近距離觀察其他客戶專案，各業界與前輩的工作狀態，有所學習才是。

就在我無所事事了一段時間，十二月突然有個比我資深兩年的前輩加入專案。但沒有因為團隊，而工作量增加，到底是為了什麼因素，讓這個專案延期至十二月？我一直耿耿於懷。由於太焦慮，於是在十二月底，我脫離了那個專案。

麥肯錫裡，升遷結果會每半年宣布一次。十二月，當初把我滯留在專案的經理晉升為副董事。想要晉升為該階級需要的條件是「多工作業（multitasking）」，也就是運做多項專案。由於不明原因，我被滯留於專案，是否因經理為了自身升遷考量所做的小手段，有了小小的懷疑。後來想想，應該不會有人把新人擺在沒事做的專案裡。

在工作不穩定，同事入戲稱我麥可的情況，我的二〇〇八年就這麼結束了。

Column 1

## 不行動，什麼都沒有；
## 只要行動，就會有收穫，最差也不過是回到原點。

美國的超人氣影集《慾望城市》裡的四位女主角之一，莎曼珊是個勇敢追愛的女性。我有個朋友就是現實版的莎曼珊。她很聽從心裡雷達的反應，即使是會稍微有所猶豫的狀況，她也會毫不遲疑地行動。

故事是從高中時期開始。對於當時女高校生來說，課後補習班是我們唯一能接觸到男生的機會。去到補習班，課業就會被擺一邊，我們會認真談論著哪個男生很帥。像這樣對男生品頭論足的事，女生朋友都遠遠地熱烈討論，一旦靠近，卻又沒有人開得了口。有一天回家途中，我朋友丟下一句「我等一下回來」就匆匆離開，她跑到一群男生堆裡，直接找目標對象說話。這樣的舉動讓在她身後目擊一切的我們啞然無聲。

真實版莎曼珊的勇猛行徑沒有終點。進入大學，她告訴我們，打工的地方有個常客長得很俊美（她是外貌協會的），有一天工作結束，她直接找那個常客攀談，後來兩人順利交往。

有一次，在大街上發現一位神似奧蘭多布魯的外國人，她又不顧一切直接上前攀談。如果從她老是遇到俊男就被吸引這一點來看，她確實跟一般女

# Column 1

生很不一樣。兩人雖沒有進一步發展，卻相約要一起去換手機。

說得誇張一些，是女追男隔層紗。或許你覺得她異於常人，但她對自己的幸福相當認真。就是一般人所說「只要錯過某個瞬間，就再也不會相見，如果不把握時機上前攀談，將毫無選擇」。

如果不行動，會毫無進展，開始行動，結果如果不是正確的，最少也只是回到原點，行動是唯一選擇。我不想要上前去攀談，是因為不被理會的感覺很尷尬。即使被別人認為自己很有心機，只要自己不在意就毫無損失。即使是真實版莎曼珊也不是每次都成功的。不先洩自己的氣，比任何人都要早一步行動，那麼行動瞬間，故事就開始書寫，美麗的戀愛也可能因此到手。我常看見那樣的奇蹟在眼前發生，究竟有多少人會相信，人生只需要一點點勇氣就能有所改變呢？

# 第二章

# 我的決定

## 向「終點」出發

我厭倦了長期窩在社內調查專案，所以打算過年後要火力全開，好好奮鬥。十二月，我跟之前的經理談想加入其他的客戶專案計畫的想法，心理很期待。他把我長期留在社內調查專案，或許會因為我的配合而願意有所通融。年後第一週，他決定要我繼續擔任不隸屬於專案的周邊人員，長期停駐在客戶公司。這樣的結果完全不符合我的期待。即使是周邊人員，有時是自己主動決定是否要對客戶端提供支援。

我曾與之前的經理在客戶公司內直接面對面爭論此事，但他卻一副事不關己的模樣，不斷對我說「這裡的工作還好嗎？」讓我有個錯覺，以為當初跟我談的是另一個人。當天他不理會我提出的要求就逕自離去。

那一瞬間，我更確信，他為了自己的升遷，把我當成跳板。他無法把我安插進客戶專案計畫中也就算了，但他的反應實在讓我太過震驚，內心突然了解一些事。我知道，在表面上他假裝理解我，事實上根本沒有把我放在眼裡。

那位經理的作為讓我對人性產生不信任，對當時的我非常有衝擊性，但現在我卻覺得一切合理。因為在組織中身處上位，為了生存，為了搶得先機，行為舉止就顯得非常必要。這儼然就是個「UP or OUT」的世界。為了讓自己順利獲得升遷，能利用的人事物都得好好使用。犧牲一位對自己未來毫無益處的商業分析師的成長，也沒差。我冷靜地理解「外資企業」的世界。

回頭想來，那時我也變得怪怪的。明明是擔任周邊人員卻無可發揮，其實我大可以做些自己喜歡的事，但我偏偏因為無事可做變得緊張，慌張地想找事來做。那時我經常離開辦公室，或是躲到走廊的柱子邊，不斷地深呼吸放鬆自己。

有好幾週的時間，我都在毫無變化的領域擔任周邊人員，這樣的狀況實在讓我忍無可忍，於是提出想要到其他業界擔任周邊人員的申請，我轉調到金融業界的戰略專案幫忙三週。雖說我的身分是周邊人員，但我的工作跟組織成員中的同期同事份量相當，他們也讓我陪同出席客戶的會議，新組織團隊的工作氛圍非常好，我總算體會到久違「工作真好」的感覺。在這樣的工作氛圍中，就算長時間工作，我也不以為苦。

充實的三個星期一轉眼就過去，到二月中旬，終於有個機會可以進入客戶專案工作。整個團隊一起到客戶公司工作，全程使用英文的專案。我所在的團隊做的是協助之前已完成大半工作的團隊，做最後收尾的工作，我在這個支援前輩們的工作中慌亂度過幾個星期，卻沒有在工作流程中被委派任何工作，我完全沒有機會展現自己的價值，我內心充滿焦慮。

專案結束後，我休息一陣子。三月初有個名為ＢＡＴ（Business Analysis

Training）的全球性訓練，召集所有麥肯錫的亞洲．太平洋圈的新人，舉行為期一週的訓練。場所位於新加坡的聖淘沙，白天的訓練非常完整，到了晚上則是派對，相當熱鬧，我記得那一週的訓練非常有趣。那段期間，我曾在大家面前模仿各個來賓與講師的模樣。

從新加坡回國後，向「終點」移動的齒輪終於啟動。同一個客戶的新專案馬上接著開始。之前一同工作的前輩離開，換了一位德國來的新經理，在客戶公司開始兩人一組的日子。我的人生產生新的轉變。

## 不進食的上班日

對我來說，最後客戶專案總算開始。一般來說，在這種商業分析師的旁邊應該要有一個顧問的高階職位諮商師，我能向他諮詢意見。但是，在這專案裡卻只有我與德國經理組成二人組織。無論做什麼都是兩個人，而且用日文無法理解的相關內容，我都要學著用英文理解。

每天都在面對不理解的事，不會也無人可詢問。慢慢地我越來越不清楚哪裡不懂，進入了撞牆期。我發現工作決定壓力大小，不是工作時間長短，也不是工作內容難易，而是工作對象。跟那位德國經理一起工作，就是完全合不來，每天過著壓力很大的日子。

那位德國經理平常是敦厚的人。有次他要回德國一趟，想要買些禮物給客戶，我就陪著他到六本木採購，那次經驗很不錯。但是，這跟人際關係與工作的習慣合不合一點也扯不上邊。我們的工作步調不同，我過著精神緊繃的日子，我想他也好不到哪裡去。

那位德國經理是位非常優秀的超高效率生產者。他能用最高效率生產成果，像是一本專業百科圖鑑。但這樣，對我這個無法在第一時間就將工作內容弄懂的人，他的反應卻很焦躁。於是，他開始對我的一舉一動，如

「打一封郵件花多少時間」一一加以控制。他「以分為刻度」細細指示工作的方法，我快要受不了。我覺得如果能信賴組織成員，那麼上司就會給予一定的工作內容，並交代需要達成的目標，應該不會有人要一一給予指示才對。我知道，一旦上司事必躬親，就是最糟的狀態了。

有時德國經理會看著我給他的數字，用強烈的口吻咒罵「This doesn't make any sense!（這根本就是亂七八糟！）」即使他這麼說，我也無法辯白地說「明明就算對了……。」他經常會在事後跟我說，是他弄錯了，這樣的狀況，我很無力。

我經常沒吃午餐，連晚餐也難得有時間吃。如果有時間吃飯，我寧可多看一點專案計畫的內容，或是中午的休息時間都用來熟悉各種資料。因為我比誰都清楚，作為一位組員，如果無法發揮，只會更受苦焦慮。那時的我，在精神層面已經緊繃到快要崩潰的狀態。

每天早上，我都會在車站買一條SOYJOY的大豆棒果腹。因為精神實在太緊繃，除了飲料外，白天什麼也吃不下。結果，一天裡，我常常就只有吃早上的SOYJOY大豆棒。雖然平日什麼也吃不下，但在週末假日，反而會因為壓力的關係吃下一大堆食物，那時我的體重是人生最重的狀態。

好不容易上班日結束，熬到了假日，卻在週日午後，開始呼吸紊亂。現在回想起來，我知道那應該是過度呼吸。也就是「SAZAE SAN 海螺小姐症候群※」本來是在週日傍晚發作，但卻提前在中午後就開始發作。因為擔心週一上班的狀況，所以不論待在哪裡都開心不起來。冷靜地想，這樣的狀態根本不正常，那時我連感覺也變得麻痺。

因為心臟緊急收縮產生的疼痛，好幾次讓我半夜驚醒。前往循環系統專科醫院做心電圖檢查，卻找不到異常。花費近兩萬日圓，寶貴的週末假

註：週日的傍晚到深夜，尤其是週日晚間六點半到七點，日本知名卡通「SAZAE SAN」（海螺小姐）播放完畢後，一想到週一要面對上學、上班的事實，人們就會變得憂鬱，出現身體不適或是倦怠感的症狀。

日就在醫院裡結束，感覺很空虛。

期間我也曾找過幾位不同組織的前輩商量。有前輩告訴我「『跟經理兩人長駐客戶公司』與第一次『全程使用英語的專案』不能同時進行。」，但我卻因此更加要求自己「絕不能逃避，一定要努力跟上」。

如果我能清楚表達自己遭遇的困擾，尋求協助，但內心裡卻有個聲音「如果示弱就是逃避」，而苦撐下去。

## 「完美職涯」的魔咒

當時我的精神狀態不好，其實如果冷靜思考，我有許多方法可以幫自己脫離那樣的狀態。

在顧問的世界，有一個慣例是「說出來的人得勝」，當時我也可以用，

「為了自己的成長，希望挑戰其他的專案」為由，向人事室提出申請。就算專案最後無法完成，我也能用其他的專案來補足負評，從長遠來看，不會有什麼損失。

我一定要再次強調，在麥肯錫裡，對任何人都是「沒有人是絕對正常」的態度。是一家胸襟寬大的公司，絕不會因為員工的一點失誤就請他離開公司，公司內部的救濟網路也有好幾個，可以協助有需要的員工。不過，當時的我，並沒有在臉上表現「幫幫我」的樣子，因此沒人察覺我的狀態。明明為了保護自己而想要積極的展開行動，但我卻完全陷入停止思考的狀態。

回首人生，我從進入中學，開始努力讀書，生存的信念是「只要努力總會有好結果」，因此很少有挫折。雖然我理解自己並不是有極高能力的人，但無論是考試、升學、就業，運氣很好地每件事都順順利利的，遇到任何事都能想著「只要努力總會有結果」。那時我壓根沒想到「只要努力總會有結果」需要極大的運氣才能成立。我在不知不覺有了很高的自尊心。身處在社會價值被視為菁英的圈圈，我認為自己應該是在金字塔頂端的企業集團工作。我順著既定路線挺進，在整齊劃一的尺規上，尋求完美的人生。尺規表示「不允許超出軌道之外」、「不得重考與留級」、「就算只有一年也不能浪費」。

因為完美主義，所以我覺得應該要在麥肯錫至少努力三年。我認為工作履歷，有個潛規則，就是「要待滿三年才算是正常的」。

麥肯錫其實不算是能待一輩子的公司類型，新人進公司約三年左右就會有一半以上的人離開。這家公司是個類似修道場的地方。先不說待在公司的時間長短，多數人在找到自己未來想走的方向後，都會覺得歷練足夠，立刻積極轉往另一條新的道路繼續前進。照一般世俗的說法來看，或許日本是被「社會新鮮人應該最少要在一個公司待三年」的三年神話束縛住。之前，我也過著走一步算一步的人生，一切還算順心，當時也覺得「這三年，先努力眼前的工作，時間到了再打算」。

因為麥肯錫是頂尖企業，所以想「持續待三年」並不是一件簡單的事。曾有同事跟我說「你真有勇氣辭掉這份工作。」我想，那是基於「脫離軌道是難事」這前提說出口的話，對我來說，繼續待在麥肯錫工作才是更艱難的事。這樣的地方，根本沒有「只要好好忍耐，時間就會過去」的工作，每一樣工作在任何情況，都要交出具有主體性的成果。如果要比喻，工作就好像每天憑自己能力操縱一架以音速飛行的噴射機，使出全力就只為了不讓飛機墜毀一般。

誤解完美主義的我，經常遭受「別人檢驗」的超高壓恐懼的侵襲，我老是想「感覺有一點不順利，就完了。」而感到驚恐萬分。現在回想，如果當時我能不在意別人的評價與小失誤，自然發揮就好了，當時被「就算在麥肯錫這家公司裡，我也要有個完美的職涯經歷。」這個想法緊緊捆綁的結果就是，我害怕小失敗，總是小心翼翼地畏縮不前。可是，麥肯錫這家公司明明就是把失敗認為理所當然，做不好是正常的公司。

對相信「只要努力總會有好結果」的我來說，在這裡體驗「即使努力也會失敗」的挫折。現在我知道一開始的努力方式錯了。那時已經停止思考的我，仍處於被「認真病」魔咒綑綁的狀態，我不斷想著「沒有我做不到的事才對。」「一定要更努力。」為了不遭受負面評價，我根本沒想脫離那樣的狀態，反而更執著於那個專案計畫。

我想著，「無論如何一定要在麥肯錫累積資歷。」「我不能在這裡待一年就辭職，太羞恥了。」「我無法忍受旁人說我不適合待在這樣的公司。」明明知道自己能力不足，卻因為不允許在履歷表留下難看的記錄，而陷入更難以翻身的境地。

即使如此，忍耐的臨界點還是出現了。內心開始不斷有個聲音告訴我，好想要到某個地方消失掉。剛好那時有個同期的同事從麥肯錫離職了。他的離職信從電子郵件傳送過來，我記得看到那封信的瞬間，就知道「啊！

原來還有這條路可以走。」而鬆了一口氣。即使是這個時候，我心裡想的並不是，「知道有個辭職的路可以選擇」，而是因為「太好了，我不會是同期中第一個離職。」這種安逸的態度。我想，如果我的態度與自尊正確，應該不會在意自己該何時離職與他人如何看待自己。先行離職的同期同事是個不隨波逐流，保有自主性的人。

## 乾脆死掉算了

晚上一回家就睡著，醒來發現已是早晨。好希望早晨不要到，但地獄般的早晨還是來臨。我想將睡眠時間縮短，於是試圖將回家後屬於自己的清醒時間拉長，每天晚上我反覆看著最喜愛電影《鐵達尼號》的ＤＶＤ光碟。

有一天早晨我打開電視，不經意聽到一則新聞，關於「最近計程車發生事故的機率有增加的趨勢」。當時我是認真思考「為什麼我搭乘的計程車不發生意外？」即使心理狀態已經惡化至此，抱持「認真又要傻傻努力」生存方針的我，還是會準時出門去上班，那時我真是罹患了重度的「認真病」。

四月，櫻花飛舞的上班路途中，我不斷地想「如果被汽車撞到就好了。」在公司，我已經窮途末路，所以很想要脫離要上班的路線。即使心裡這麼想，另一個我卻不允許自己這麼做。因為一旦跳上電車，就是逃避。如果是被車子撞到，身邊的人就不會想著「他果然逃走了」，而是對我的狀況抱以同情，如此一來，我就得逃脫。那時我的身心狀況已經極盡憔悴，整個人像一團失去線頭的亂繩般，心裡只想「生活這麼辛苦，乾脆死了還比較輕鬆。即使如此，我還是不能了結自己。」

工作還是像往常一樣，那位德國經理仍以一分鐘為單位控制著我每天的工作。終於被逼到臨界點的我，某一天試著想要尋求幫助。我拿起電話打給了公司內部的駐診醫生，約好了面談時間。但是，那位德國主管仍舊用分鐘為單位，指示要我工作，所以無法面談。我想這條路是行不通的。就在走投無路下，開始試著服用在藥局購買的能紓緩緊張的成藥，結果讓腦袋變得更遲鈍，我落入越來越無法思考的惡性循環裡。

我應該要好好休息一下，所以趁著德國主管短暫回國期間，藉著黃金周（日本四月底至五月初的假期）前後，讓自己休了一個長長的有薪假期。

好不容易回復精神，專案的同事告訴我「你在這裡已經待了將近三個月，差不多可以轉換一下了。」我終於等到了「解放宣言」。那位同事明知道我根本無法展現成果，卻沒有當面指責我，只輕描淡寫地說「因為下周就有新人進來了。」

## 如果有下輩子

終於從專案脫身，一旦心情放鬆，我卻開始思考「我不要再繼續待在這家公司。絕對沒辦法。再繼續待下去會很慘。可是無路可逃。該怎麼辦才好？好想消失。」「一定要想想辦法才行。」

有個大學的同期同事開始不來上班，據說是跟我一樣逼迫自己，結果健康狀況出了問題。他想「再怎麼樣也要待滿兩年，所以忍著不說。」看著他，我開始想想自己。如果生病到要休息，不如辭職，他卻硬是撐著繼續工作。結果他跟我一樣，都被「東大畢業進入好公司，不到一年就離職，履歷上就會留下不良紀錄。」這個魔咒給綑綁住，所以我非常懂得他的想法。因為我也遭受精神的折磨，為了顧全面子而無法思考還有個「辭職」

的選項。

事情發展至此，原本被扭曲自尊的我，在意識有了改變。有一次早上進公司前，我在公司大樓前走著，這樣想著。

「你是為了生活而工作，並不是為了工作而生活的。這是你的人生，難道要連真正想做的事都還沒完成就死去？這不是笨到極點了？為什麼你被『麥肯錫』要得團團轉！要知道人生的主角可是你呀！應該要掌握人生的方向盤，做你想做的事。」

這瞬間，先前的自尊消失無蹤，取而代之的是「身為人的自尊」、「無論別人怎麼看，也要努力做自己想做的事的自尊」，我開始想「我不要再追隨著『社會的價值觀』飛舞，讓自己生病。我要做自己喜歡的事！」

當我想著真正想做的事，「諧星」是唯一明確出現在我腦海的選項。一開始，對於諧星這個選擇，我是這麼看待的：「這未免也太搞怪、不實際、高風險、超乎常理、不可能、丟臉、不適合、難以接受、開玩笑。」

如果考慮我之前的人生，大抵順著當時的軌道，前方根本不可能有這樣的選項。好多次我這樣自問自答，「當諧星？真的嗎？不會吧？但你為什麼認為不可能？」

在我心中「諧星」這個選擇，一直都是「如果有下輩子我想要從事的職業。」「如果有個平行宇宙，我一定是諧星。」這樣的想法。就跟很多人小時候想當足球選手或棒球選手的願望一樣，對我來說，諧星是夢想的職業。

先不管實際成為一位諧星之後的狀況，當我還是研究生時，曾跟當時已內定畢業後要去住友商事工作的男同學開過這樣一個玩笑「我們何時一起組個諧星團體。」還把各自內定的公司名稱拿來組合大開玩笑。當時我們想，最起碼也要把無法實現的夢想說出口，再進一步探究。說不定當時我正是為了「身為東大生卻能說那種話的自己」感到得意。我們都會在安全的地方，憧憬著危險的事物。

我一直認為原本該屬於夢想的事物，是不能拿來現實人生中當作正業，因此一點也不敢真的那樣做。如果把夢想拿來當作興趣跟社團活動來實行還好，但把這個當作養活自己的工作，我會覺得好不容易從東大畢業，這樣很可惜，但那樣也算是一種逃避，逃脫正軌的逃避。

我曾對東大生裡面，真正進入夢想中的職業工作，真正貫徹自我意識的人感到佩服，卻又對那樣的狀況感到悲觀，覺得他們應該活不下去，為他們感到可惜，我曾認為跟大家一樣在公司上班生活才是人生。

在大學時期，曾參加名為「東大艾比路」專門模仿演唱披頭四樂曲的樂團。我聽社團裡的學弟妹們說，他們是以成為一位專業音樂人為目標，我對他們的想法感到不可思議，但後來大家都陸陸續續成為普通的上班族。

即使當初說要當音樂人或是藝人，最後真的從事夢想中職業，在我身邊幾乎沒有，當時我以為人生不過就是這樣而已。因此，一直以為夢想中的職業應該是下輩子再從事的工作。

## 家人、朋友是人生不可捨棄的

根本不可能有下輩子，會那麼說，其實心裡想著「反正人生很長，未來還會繼續，現在這時間點實在不該冒那個險。」當我經歷過一些經驗，而強烈感覺到死亡其實比想像中還要接近，才發現把「人生還很長」當做前提來思考事情，根本是錯的。直到我被逼到感覺「死了還比較輕鬆」，終於清醒而轉念想著「反正都逃不了一死，不如在這之前，認真地去做夢想中的事吧！」就這樣，我有了下一步的靈感來到了眼前。

「要是死了，現在就做個諧星？看來只能做諧星。」

重要的決定應該要等到情緒平靜後才做。像我這樣，在面臨生命中的重要關卡時就下這麼大的一個決心，實在不推薦各位這麼做。如果不是當時我處於精神崩潰的狀態，我應該無法做出這麼超出常理的決定。我常被聽演講的學生問：「如果覺得麥肯錫很難待，可以轉換跑道到其他公司，為什麼要成為諧星呢？」事情發展就如我前面所說的，不如大家想的這麼簡單。

我確定要挑戰當個諧星後，完全沒有後悔。也從未想過自己是否能成功。人生的機會只有一次。這麼寶貴的機會，我居然在幾前天才想著要放棄。幸好，我沒有放手。我想過要一死了之，那麼就當現在的人生是夢想中的第二次人生，應該要認真從事一直以來想要做的事才對。

就這樣，成為諧星，我背離了東大生既定的框架的世界，一腳踏入了諧星的世界。對我這個跟演藝界壓根沾不上邊的人來說，那裡才是恐怖的世界。連死都不怕的我來說，心裡想的是，即使前面有最糟糕的人生劇本等著我，又如何，無論未來如何發展，當個諧星也絕對比死還要好，應該是沒有什麼好不安的了（事實上根本沒有恐怖的事在等著我）。

無論發生什麼事，家人與重要的朋友都沒有離我而去。對我來說，人生不想失去的就是家人跟朋友，不然，我應該早就是「再沒有什麼可以失去」的境界。對自己來說真正重要的事物來比較，「學歷、菁英人生、漂亮的履歷、安定、平安順心、收入、自尊、地位、名譽、一般價值觀、外在、別人對我的看法、認同……。」這些以前緊緊捆綁我的事物，現在對我來說已經不重要。

越深入思考，我越找不到不成為諧星的理由。反而更清楚地知道「為什麼要被外在價值觀綑綁。我的人生應該要開心就好，完成夢想不應該要在意他人眼光。反正都要當諧星了，在意他人眼光要怎麼從事這個職業？跟死亡相比，不管發生任何事都能繼續活下去，就應該開心。」那時的我即將要進入二十六歲。這個年齡是就算挑戰當個諧星後，覺得不適合，隨時可以回頭的年紀。

就這樣我成功說服了自己，當個諧星。

這些思緒都是在二〇〇九年五月中旬的深夜，我窩在單人床上痛哭時想出來的。

隔天早上，不可思議的事情發生了。前晚做了決定，醒來一看手機，第一次有個陌生人寫了訊息到mixi（日本一個社群網站）給我。仔細一看，居然是年輕的藝人寫來的。他好像是看到我在另外兩個社群網站「江頭2：50」與「東京大學」的留言，對我有興趣而寫來訊息。但是，太過偶然，很奇妙地這個訊息是，「讓我成為諧星的命運開端」。

於是我趕緊向母親報告這個消息。母親沒有說「再努力看看。」應該是看到當時的我經常過度換氣，而有所覺悟。媽媽反而告訴我「人生就只有一回，如果有喜歡的事就去做吧！就算諧星這條路行不通，我覺得你一定能找到其他出路的。」給我很大的鼓勵。

就連我姐姐也寫來了鼓勵我的信，信上寫「辭掉麥肯錫、當個諧星吧！真的不行還能當英語補習班的講師。」姐姐在外商ＩＴ公司認真工作了好多年，我本來還很擔心，她會對只工作一年就想離職的我出言責罵，結果她卻這樣告訴我「開心過生活就好，能從事自己喜歡的工作是幸福的。不需要為了工作，讓自己精神緊繃，要記得隨時留意自己的心理狀況。無論你選擇什麼，我都支持你。」果然在嚴厲社會歷練過的人就是不一樣，看著信，我流下了眼淚。

無論我做怎麼樣的選擇，家人始終相信我、支持我。我打心底感謝他們，是他們讓我變得更堅強。

## 人生的「可惜」

「死亡並不遙遠，死亡比我們想像的還要近。」

與工作壓力大到想死的經驗不同，大學時期朋友的死亡，也為我帶來極大的影響。腦海浮現的是我跟他在一起在涉谷車站的山手線月台行走、一起喝酒這類的日常畫面。這麼親近的朋友去世，在這世界上，我跟他絕對不可能有機會再見。世界上大多數的事物都有可能重新來過，但只要死去就不可能重來。之前，我完全無法想像人生的終點，也無法想像六十年後的遙遠未來，我以為這些都是與現在無關的事。

只要理解死亡其實離我們很近，不可能時時刻刻都很安全。我從中學起的這十年來，都盡本分讀書，這樣一路從高中、大學、研究所、到進麥肯錫，這些過程其實都是輕鬆的決定，全都是拓展人生的選擇，無須「捨棄」，當然也就不需要勇氣。為了將來，我認真讀書，努力工作，為人生加了保險，僅可能地讓自己往風險最少的道路走。

但是，這個「將來」究竟是為了什麼？我明明就不是因為打從內心知道未來想要做什麼，只是知道跟上軌道，讓人生免除困擾，因而隨波逐流。原本我希望不要讓自己只有少少的可能性，沒想到到頭來卻讓自己離真正想做的事越來越遠，想來真是諷刺啊！

下決心總是很困難，因為「以前到手的事物、現在到手的事物、將來可能到手的事物」都有可能因風險而喪失。一旦決定要接近能讓你真正心動的事物，就面臨要放掉原本握在手裡的優勢，人們也會告訴你「那樣太可惜了。」

人生終究逃不過一死，死亡是一了百了。如果不在死前，抱著「不做可惜」的態度，努力擴大人生軌道的選擇，盡力挑戰你想做的事，不就太愚蠢了嗎？

剛剛我所說的「如果有下輩子」意謂著「人生很長，這次的人生就選擇安全路線，老實地活著。如果有另一個人生，我就要面對危險，放膽好好去過。」能實際選擇後者，是因為自己經歷接近死亡的體驗。要捨去現在握有的資源，一腳踏入未知的新世界令人感到害怕，從來沒有一件事需要這麼大的勇氣，但此時更需要勇氣。

因為我經歷一次「想死」的歷程，所以知道自己還不到該死的時候。

有個前輩曾以「積極型延期償付」形容麥肯錫。進入公司上班後，人生的選項就得受到某些程度的侷限，但類似麥肯錫這樣的公司能增加你被侷限或加寬的選項。

因為曾待過那樣的環境，使我的人生第一次從旁看到自己的選項居然這麼狹隘，而覺得可惜。

## 產生疑惑

我並不是個為了成績勤奮者，也不是天才型的人，但我在中學與高中時期，卻花了相當大的努力，才能順利進入東大念書。多虧考進東大，人生將來的可能性變廣泛。我一直以來都有「這好像不是我的人生、無法主宰」的感覺。

無論是進入東大工學部就讀，或進入麥肯錫工作，每個階段都是憑著我的想法，以想做的事所做的選擇。這些選擇都只不過是在符合社會認為的「好」框架思考出來的。也就是說，並不是「我想這樣」，而是「我應該這樣」，世間認為「好」的選擇，成為我認定的「正確答案」。舉例來說「好不容易進入東大就讀，所以將來要不是成為官僚，不然就到大企業就業。」

我在不知不覺中，追隨著統一的標準價值行動，依照一般的標準價值生存，薪水和社會性評價都會「很優渥」，我也樂於過著這樣的「菁英人生」。

受周遭環境的影響程度，是超出我們想像的。我也是在進入東大及麥肯錫，成為人生勝利組後，才逐漸地對「應該要過勝利組的人生」抱持幻想，並沉迷於人生勝利組的名號。

明明覺得自己滿足標準，卻始終無法感覺到自己的成就，更無法感受到生命充滿活力。自從成為東大生，心中時常會出現「咦？我的人生難道就要這樣結束了嗎？」的想法。

我很喜歡觀賞冰上花式溜冰比賽。每次觀賞完冰上花式溜冰比賽結束回家，我總是很落寞，但我會因為看到欣賞的選手們絕讚的表演而感動，受到鼓舞。看著這些選手們朝著目標與夢想奮力的模樣，真的閃閃動人，對比於自己沒有目標與夢想的人生，我感到迷惘。

讓我對自己的生存方式產生疑惑的關鍵時刻，是出了社會以後。那時我強烈覺得，如果有多餘的時間，要多了解行銷、也要多涉獵商業戰略相關書籍，多加強對於商業知識的認識。然而一旦工作接踵而至，怎麼規劃和充實都是枉然。那時我每天要應付工作的事已經精疲力竭。心裡也不曾出現過「想要多加強商業知識」的想法。只剩隨波逐流的生活。

在麥肯錫任職的二〇〇八年底，我以「麥肯錫的人都這麼做」、「這是條菁英之路」為由，打算參加MBA的考試，也買好參考書。但我卻不是真心想要考上MBA。

當我靜下心來看著買來的參考書籍，心裡這麼想「我並沒有真心想要做這件事，但入學面試時我還是會說「對於未來，我沒有夢想也沒有目標，真的考上MBA又如何。」「我到底要欺騙自己多久？」

聰明的人感覺到「無論如何努力都無法靠近自己真正想做的事。」會修正軌道。但我從未討厭在大學學習與我目前的生活環境，畢竟我身處世間所謂「好」跟「傑出」的領域中，所以做不到從自我做起，改變環境。於是我想，或許就此認真過著現在的日子，隨波逐流過一生就好。

我開始對那樣的人生抱持疑問，摸索自己真正想要做的事。我為找不到喜愛的事物而感到焦慮，剛好在買完MBA專業用語相關書籍的時候，我走進公司附近六本木一丁目車站旁的小書店，買了一本勵志書籍。書的內容大概是說，想要改變人生，現在立刻就要行動。當時光看了書封就買下，下班後，獨自一人在辦公桌上翻開來閱讀。現在再翻開那本書來看，書裡畫了許多紅線，書頁一角也折了不少。由於當時實際的環境與自己心中的期望並不一致，讀了勵志書，反而令我更不安。

有個和我感情不錯的同事笑著對我說「我懂你的心情，你不能讀這類書籍，能做的只有在麥肯錫好好努力而已。」我手上的那本書一直強調「去做你真正想做的事」，對於做為一個社會人，在現實生活的人來說，書的內容就是要求你必須與現實狀況做切割。每個人都在試圖填補現實與內心的縫隙中掙扎，即使辛苦也苦撐著工作。那本勵志書根本就是使社會大眾秩序崩解的提案。

那本勵志書卻給我必要的提示。對於不斷欺騙自己至此的我，忍耐已到了臨界點。雖然成為諧星的契機是進入麥肯錫後的一個偶然，或許根本也不是待在哪兒的問題，只是時間到了而已。

## 檢視自己工作的三個條件

雖然已經下定決心要成為諧星，但要跨越心理障礙是很困難的工作。在「當個諧星也可以」後，要說服自己「離開麥肯錫也沒關係」卻變得相當困難。

在這段脫離專案計畫，擔任周邊支援人員的日子裡，我找到「持續工作的三個條件」。我像個諮商人員似的，找出確定的三大條件。我想如果只要符合條件的其中之一，就應該要繼續待在麥肯錫上班。

1. 喜不喜歡
2. 是否比別人擅長

### 3. 對於未來有沒有目標

我以此三個條件一一檢視自己。

「喜不喜歡」，就是「薪水很低，能不能因為喜歡而持續做下去」。這個答案是否定的。這並不代表，我不覺得當個諮商顧問是個有趣的工作，而是當我看見真的很熱愛這份工作的同事後。要我下定論還太早，但我可以肯定這個答案是NO。

接著是「是否比別人擅長」。舉例來說就是，不管是否喜歡那份工作，是否因為比別人擅長，就能用較少的勞力獲取相同的薪資。也可以說是關於工作賺錢，是否能有較好的生產力。對於這個條件，我的答案也是NO。在一個充滿比自己優秀人才的公司裡，如果想要在諮商顧問這一專長出類拔萃，需要的是無比的熱情與衝勁。但對於當時已經消耗殆盡的我來說，那兩項要點已經不夠現實。眼前一堆適合擔任諮商顧問的人們，我實在無法預見將來自己能因為擅長諮商顧問而升遷成功。我不確定自己能否往人生勝利的階梯走上去。

在麥肯錫裡，英文需要大量使用於商業往來，而英文程度優於我的人很多。雖然ＴＯＥＩＣ成績並不能代表英文程度，但ＴＯＥＩＣ滿分的人，在麥肯錫卻到處都是。大學以前，被我拿來當做最強武器的英文，在麥肯錫完全沒用處。

接下來就是第三個條件「對於未來有沒有目標」。能不能讓自己繼續咬牙在麥肯錫上班，與我的未來理想很有關係。我知道，進公司後一定會遭受許多難關。如果這些難關或是將要吃的這些苦，都與自己未來的目標有連結，我應該要忍耐。事實卻並非如此，前方明明就沒有屬於自己的幸福在等待，卻只是為了不該辭去工作而忍耐、消耗自己能量，這根本毫無意義。當然，對於第三個條件，我的答案還是ＮＯ。

就這樣，我找出「應該繼續待在麥肯錫的理由」的核心條件，最後卻發現沒有一個條件符合。

## 紀律嚴謹的麥肯錫

還有其他理由讓我覺得「辭掉麥肯錫也好」，那就是，我覺得自己的腦袋跟心靈強度都無忍受繼續待在麥肯錫，我其實很不喜歡這種感覺。

進入東大就讀、往研究所升學、再研究所期間就前往以亞洲開發銀行為首的多個海外企業實習的經驗，期間我從未受過挫折，更使我深陷於一切皆順利達成的錯覺裡。一旦仔細思考就會知道，大學生涯裡，認真上課、按時提交報告、參加定期考試，就能拿到不錯的成績。由於我的長處是認真，因此只要出席率是全勤，再加上認真讀書，因此都能拿到不錯的成績。也因為那樣的成績，我才能以面試的方式直接進研究所就讀。之所以能在研究所在學期間，前往位於菲律賓的亞洲開發銀行實習半年，主要原因是我在學科的實習計畫中能面面俱到的關係。

以前我能想要什麼就有什麼，皆是受惠於運氣與環境。正是這樣的經驗，對於明明是運氣好才得到的結果，卻讓我誤以為一切成果都是自己的全力以赴，而過度相信自己，以為「一切只要全力以赴，任何事都做得到。」雖然我不覺得對自己有自信有什麼錯，但是這讓我對挫折及壓力的忍受度非常薄弱。

這一切關於我的特質，也是反映我學生時期的耿直努力，本來沒有覺得不好，不過進入麥肯錫後，一切就變了。這裡一切評價皆來自於「成果」。這讓我唯一的特質「認真」毫無用武之處。如果我有個可以努力的目標，倒還好，但我卻怎麼也都無法找到人生軌道前端的夢想或是目標。

麥肯錫是個經常要求員工「認真」的公司。在這裡，如果沒有比「為了工作」還要更上層的理由，比方說「因為喜歡。」「為了目標而成長。」

就沒有適合你的工作。有個前輩曾說「那應該是個付錢也願意去上班的地方。」也就是那不是個不清楚自己目標的人能長久待下去的公司。就因為身處嚴苛的環境，經常需要保持認真，所以，不論我想不想，都在在迫使我開始認真思考「自己真正想做的事」。

最後決勝點在於，麥肯錫終究不是個雇用制的公司。大多數的人都抱著在這兒工作三年就轉換跑道的態度，我也是想著「打算要認真工作三年。」越在這兒工作，越抱著放棄的態度想「反正跟我同期進公司的同事很快也都會離職。」

如果是終身雇用制企業，反而不會離職。因為要放棄公司對退休前的員工身分與收入保障的優勢，會覺得太可惜（嘴裡說「不從事喜愛事物的人，人生太過浪費。」的人，也說著這樣的論調實在矛盾。）一聽到這些從終身雇用制的大企業離職，自行創業的人的故事就會對於他們的超強決心感動。

在這層意義來看，當你決定要進入麥肯錫上班的時候，等同於要承擔暫時放棄「生涯安逸護照」的風險，等到你在麥肯錫習得一身武藝，將能獲得「做自己的主人」的最高選項，主導自己人生。

## 即刻判斷、即刻決定、即刻行動

最後讓我決定轉換跑道成為諧星，辭去麥肯錫的理由。是想要顛覆之前人生經驗養成的既定概念，現在看來這是「不真實的事情」，我自己都難以相信。我終於實際感覺到，想要從既定的軌道上離開，居然如此的困難！

我在睡前告訴自己「這樣做沒問題。」一旦早晨到來，我又得如往常般到公司上班，辦公室的景色總是奇妙地充滿著現實感，而且好整以暇地在等待我，使我內心的衝動消逝無蹤。

這個「現實」最大的難關，是難纏的「大魔王」，讓本來應該有所決定的我，心情出現了多次動搖。即使腦袋清楚知道「一旦成為諧星，麥肯錫就不再具有意義。」只要冷靜下來，思考的鐘擺又會擺回「你在說什麼傻話！這麼一路走下去，你目前為止的人生秩序會全部崩盤。真不該懷有夢想呀！」一天裡，就這麼在現實與夢想間，擺來盪去，這過程真令人吃不消，很痛苦。我從未曾體驗過，也未曾見過勇氣的真面目，一旦下決心，才發現其必要性，真想要找個地方買勇氣呀！

我把想要成為諧星的想法明白告訴了麥肯錫的同事、親密好友。果然大家誤以為是我在開玩笑，但沒有人說「別鬧了！」大家除了覺得有趣，也表達支持。

有個同期同事說出的一段話，讓我得到救贖。有一天我跟這位完成博士課程，超級聰明又沉著冷靜的同事到辦公室附近用餐，我告訴他關於成為諧星的夢想。我說「其實我還有其他想做的事。但那個工作未免也太不實際，說不定根本不適合我。」沒想到，他臉色一沉，告訴我「接下來，每一件事都要認真做！」「除了從小就接受嚴格訓練的運動選手，不論是醫生或是律師，開始準備要走理想的人非常多。」

他這麼一說，我安下心。這無疑就是麥肯錫在分析事物時非常重視的「事實」。用「做不到，不能做到」這樣的想法來束縛自己，阻礙前進的，是自己的想法。如果客觀來思考，捨棄麥肯習顧問公司成為諧星這件事，根本不算難事。經過這件事，我還會對當時懷抱難以解開心結、試圖找藉口的自己感到害羞。

我認為「成為受歡迎有票房的諧星，比在麥肯錫中成為合夥人要來得困難。」雖然也不是不可能，但在演藝界想成功，並不是那麼容易。

雖然暫時還是留在麥肯錫工作，我知道「成為諧星必須要先到諧星訓練學校受訓」，趁著空檔，我開始在辦公室裡查詢諧星訓練學校的訊息。

那時剛好五月，令人感到困擾的是，那時多數的養成學校都已開課，打電話詢問才知道，如果想要入學要等到隔年的四月。我非常想要往下一個行動邁進，要我等待將近一年根本不可能，因此非常焦慮。那時我還沒決定下一步的具體行動，所以遲遲未能辭去麥肯錫的工作。

到了六月中旬，適值半年一度的公司年度考核。我得到「沒有跟上成長，下次如果沒有突出表現，出局」的負面評價。看到這樣的結果，我想到要是以前的自己，肯定會認真地想要努力扳回劣勢，但這次卻不同以往，我接受了這樣的結果，一反常態地、情緒化地想著「我明明已經那麼努力了，這裡真是個努力也無用的惡劣環境。」當我被告知，下一個專案計畫還會有考核成績，內心出現了叛逆態度，想著「我再也受不了這樣的考核了。」原本緊繃的繩索斷裂，鐵了心地決定要辭職。

對我這個鐵了心腸，無法再正常發揮團體成員功能的我，麥肯錫並沒有放棄，反而給了我「反擊」的猶豫機會。現在回想起來，當麥肯錫要我們認真挑戰之際，其實也對我們的失敗寬容看待，當然也給了我們不少調整自己面對挑戰的機會。

據後來同事的訊息，我知道曾有不少前輩在得到一次負面評價，不放棄地咬牙努力，最後挽回評價，得以繼續在麥肯錫工作。現在的我能理解，以前的我是個不知挫折為何物、無法承擔、高傲的人。

隔天我就向負責指導我的前輩提出辭職。我記得是以「原本支持著我，讓我能奮力向前的火苗，已消逝無蹤。」的說法辭職。前輩就是現在仍照顧我的知名作家並木裕太先生。

並木先生是個寬容的人，也是個有同理心的人。他藉由自己的親身經驗，向我提議「要不要再試試做一個專案計畫？」他說，即使要離職，也不能在最後留下一個失敗的經驗，起碼也要有一個成功經驗，這樣對未來才有幫助。如果最後專案計畫成功，或許想法會有所轉變。我覺得他說得非常有道理。

他希望我多考慮幾天，但我的結論最終沒有改變。我好不容易一路堅持得到的決定，萬一參加新專案計畫，而使「想法所轉變」，反而引發更多困擾。

那時我根本沒辦法告訴並木先生下一步的計畫，所以從並木先生的眼光來看，他不懂我在意的是什麼，說不定充滿了疑問。

考慮的幾天，我思考的是關於某個命題的假設思考。相對於「人生就此結束好嗎？」我思考的完全不同，對我來說，命題就是「如何讓人生不後悔」，對於此命題的解答，我提出了強而有力的假說「我要挑戰自己，成為一直想成為的諧星。」當我清楚「挑戰當個諧星後，再也不需要在商業界發展，那麼延長在麥肯錫的時間將失去意義。」「不知道人生何時結束。」這兩件事，再參加另一個專案計畫也毫無意義。當初教我「即刻判斷、即刻決定、即刻行動」行動方針的不就是麥肯錫嗎？

一旦發現自己的假說有誤，就要重新再設一個假說。所以我必須先讓自己進入諧星訓練學校去驗證，只要在發現結論有誤，想辦法回頭就好，我實在沒有猶豫不前的理由，必須要馬上行動。

我發現，若是錯過現在的心情高峰，忽略這個辭職的絕佳時機，那麼我很快就會又回到現實世界。現在不行動，我不會有第二次機會，為了斷絕退路，不後悔，雖然不知道具體的下一步是什麼，但我最先能做的就是辭掉麥肯錫的工作。我把在麥肯錫學到的「假設思考」與「即刻判斷、即刻決定、即刻行動」的技巧，拿來擊敗「現實」這個強敵。

## 決定是現實的

我自知如果不快點從暴風圈逃出，狀況不妙，所以急著逃入演藝界。

本來我在實際的顧問工作學到的作法應該是要慎重地遵守分解命題、決定優先順序、分析驗證步驟，但現實狀況逼得我做不到。所以我沒辦法說，這次是依照麥肯錫的問題解決方針，做決定，但如果沒有在麥肯錫裡所學的思考方式與行動模式，我是做不到的。

「辭去麥肯錫，成為諧星」的行動相當簡單。只要向公司提出辭呈，進入諧星訓練學校就行。

要做到必須具備超乎常人的勇氣與能量，要經歷最終真正做決定的各種心靈過程，對我來說，這些伴隨嚴厲的糾葛與痛苦。為了做到，我必須捨棄一直以來的世界秩序。我要幫自己洗腦，進入並習慣待在演藝界的嶄新人生，讓自己在生理，甚至心理搬遷到新世界，我花費了將近三年的時間。光是如此，做決定的負荷就已經相當大。

光聽我說關於「從麥肯錫到成為諧星」的事，他們就會覺得我一定是個對奇怪的事冷靜以待的怪人。但我的性格正好相反，我曾經是個絕不允許自己脫出既定軌道的一板一眼的人，絕不是個隨便憑感覺任性成為諧星的人。

## 從麥肯錫到成為諧星

能踏出具體行動走到「辭去麥肯錫」這一步，我相當開心，比較重要的後續，往成為諧星邁進之路卻絲毫沒有進展，真是令人焦慮。原本以為「怎麼可能要等到明年春天才開課。」結果六月下旬，我就得知WATANABE ENTERTAINMENT渡邊娛樂集團的諧星訓練學校WATANABE COMEDY SCHOOL即將於秋天開設新課程。我深刻感覺到，命運的轉機果然來到，於是我緊抓住這生命中的一根稻草，馬上就撥了電話去聯繫，確定可以參加素人限定的選秀會。

那段期間，在麥肯錫裡，有個專門照顧離職員工的單位人員，他擔心地詢問我「您是否有在從事就職活動？比較希望往哪個業界發展呢？」對於麥肯錫來說，離職後馬上到下一個工作上班是理所當然的。對此，我實在無法開口說出自己將要成為諧星。我支支嗚嗚地只能片段說出「我會從事貿易相關工作……」但其實只要用「商社」兩字就足以說明。即使我能將「想要成為諧星」這個在麥肯錫被視為異類的想法告訴親密的同事，卻沒有勇氣大聲地對公司說出，我只能沉默以對。麥肯錫是個待人宅心仁厚的企業，我對表達關心的同事們只有無限歉意。我不知道有多少回幾乎就要脫口說出「請不要管我」的話。

正當那樣混沌不明時期，六月二十六日早晨，麥可傑克森去世的新聞傳了出來。上班途中，環目四周發現，朝陽依舊升起，地球依然轉動，我對此感到相當不可思議。

即使麥可去世，人們也像是未曾發生般地一如往常過著生活。更別說，像我這種渺小存在的人，要成為諧星又何須大驚小怪，我發現，需要歷經心中百般衝突與折磨的決定，也只是自己內在的大騷動，對這個廣大世界是起不了任何影響的。當我這麼一轉念，心中憂慮的一切立刻一掃而空。

我記得，麥肯錫有一句名言「I'm proud to be an entertainer.（我驕傲於當個娛樂他人的人。）」一想到自己跟麥可傑克森踩著相同步伐，即將踏入娛樂人群的世界，就令人開心，我甚至覺得是麥可從背後推了我一把。

七月四日，恰好是我的二十六歲生日，當天我前往參加位於中目黑的諧星訓練學校 WATANABE COMEDY SHCOOL 舉行的素人限定選秀會。之前，我曾隻身前往丹麥最北部，也曾到過菲律賓排氣瓦斯檢查場，獨自來往於世界各地，但當天卻覺得從中目黑車站走到選秀會場，居然比我曾去過的地方還要更遙遠。工作人員告訴我，選秀會不需要事先準備表演橋段，現場任何型態的表演都可接受。於是我表演了兩個節目，一個是每次在卡拉ＯＫ中必定表演的「超不像冰室京介的模仿秀」（註：冰室京界是日本搖滾樂傳奇教父），一個是年終時曾表演過的舞蹈，兩個都賣力演出。

當天夜晚，我在家舉行生日派對，不知道是不是因為在生日當天，我才有種實現夢想之路終於有所進展的安心感，想起之前為了應付每個過程的疲累與挫折，借著酒意，我不自覺的哭了起來。

## 通過試煉——離職當天

現在，我想成為諧星的心願已是眾所周知的事，以前麥肯錫的同事也都相當支持我，但回想離職前，自己因為某種愚蠢的「決定」而無法公告大眾的心情。其實當時我真的很希望逃跑，心裡默默設想的劇本是「請不要找我，我將從這個地方消失，到另一個與你們毫無關聯的世界生存……。」那時除了一些較親密的同事外，我本來沒打算讓所有同事得知未來的計畫。

上班最後一天，我帶著從諧星訓練學校 WATANABE COMEDY SCHOOL 取得的錄取通知書，去一直以來非常照顧我的並木先生說明自己尋夢之路已經有所進展的事。當我跟他傳達自己要毫無顧慮地往諧星的世界前進，他給了我一個「這樣也不錯」的回應，那樣的回應超出我的預料，我本來以為他會震驚得無法反應或是取笑我，沒想到他居然那麼自然地接受。當我說自己想要明天就離職，並木先生建議我「跟大家說清楚也好。」

正好在與並木先生報告後，我在公司的茶水間遇到專案夥伴裡其中一個同事。我已經以公告的方式將離職的消息告知整個公司內部，所以，他表達了他的擔心「你要辭職嗎？未來該怎麼辦呢？」我像是吃了定心丸似地大方向他表明自己即將要成為諧星。沒想到，那位同事直到前一刻都露出緊繃表情的臉龐，突然轉為開朗地說「我最喜歡看諧星表演了。」然後開始滔滔不絕地述說著自己經常在週末去欣賞劇場表演。真是令人驚奇的反應。那時他還熱情地告訴我關於演藝界體制內的建議，諸如「所謂的諧星，要思考3C：Customer（市場、顧客）、Competitor（競爭）、Company（公司）即可。」果然是麥肯錫的合作夥伴呀！

就這樣跨越「離開麥肯錫，成為諧星」決定的試煉關卡。

現在要向各位介紹，離職前幾天，我針對同期同事寄出的離職信內容的一部分，各位可從中窺知一些我當時的真實心聲。

各位親愛的同期夥伴們

炎炎夏日中，在此獻上問候。

（中間省略）

我辭去麥肯錫後，如大家所知，我將去實現長久以來的願望，因而會出現驚天動地的舉動（請務必保守秘密）。不過，辭職的理由，我無法說出「因為我找到自己想做的事了」這說法。離開這家公司的理由，通常有「積極」或「消極」兩種評價，以我的角度來看，是兩者皆符合。我心中這兩種因素達成完美平衡，於是我決定要往下一步前進。

（中間省略）

今後，我將踏入絕不會與各位在工作有所交集的領域，未來我是無知的、這麼做也是莽撞的、各種可能性也非常大（好的壞的都是），因為期待而充滿自信的我、對這樣的自己以冷靜客觀的方式看待的我、懷抱著不安的我。面對將來，我有期待也有不安，不過這樣的情況任何人都會有，再普通不過的心情。不論如何，可以確定的是將來大家都會在各自的領域大展身手。

（中間省略）

我打心底祈求上天，希望大家越來越有發展。

在這段期間，衷心感謝大家的照顧。

二〇〇九年八月四日　石井輝美

## 我的人生座右銘

「人生只有一次，如果有想要挑戰的事一定要勇敢挑戰，即使結果不好，也沒關係，去嘗試挑戰最重要。」這是我尊敬的母親告訴我的話。母親是岡山縣出身，她直到高中畢業旅行前，從未見過真正的外國人。因為非常想學英文，進入大學就讀，之後獨自前往美國留學。對現在的人來說，留學是極其稀鬆平常的事，但在當時是個大膽的決定。我的母親從那時起就喜愛英文，也從事與英文相關的工作。無論是喜歡冒險或是喜愛英文，我都是受母親的影響。而酒量與個性開朗的特質是遺傳自父親。

我開始察覺「只要想做就能做得到」這個關於自己的特質，是在國中時期。可能跟其他的東大生不同，我並不是從小就是成績優秀的孩子。小學升上高年級之後，因為爸媽的期望，我曾上過補習班，但我是個讀不來就放棄的孩子。因為不讀書，所以小學六年級時成績越來越糟，但我並沒有因此而焦慮，即使考試將近也只是放鬆地窩在桌下暖爐旁睡覺。當時我根本不知道「不讀書就考不上想讀的學校」這條規則，居然還在二月一日那天，自不量力地參加全東京最難考的女子學校櫻蔭女子中學的入學考試。等到考試放榜後才發現，我只考上原本沒打算去讀的千葉縣某私校，其他學校都沒考上。後來候補上了白百合學園中學。

二月二日當天考完白百合學園中學，我們順路去看了櫻蔭女子中學的榜單，榜單上當然沒有我的名字，母親知道我沒認真念書，所以沒有太驚訝。

在回程的電車上，我看見坐在身邊的母親默默地留下了淚。後來再追問母親，她卻否認說，怎麼可能為那種事情哭泣。我確實記得母親留下的眼淚。正因為看見母親流淚，我受到極大的衝擊，想著「原來，我做了那麼糟糕的事。」瞬間我覺醒了。

進了中學後，我想要好好讀書。上課時以百分之一百二十的專注力專心聽講、認真抄寫筆記，這一切都是為了考前而做。就算平常在家，除了寫作業外一律不讀書，在臨到考前，又會臨時抱佛腳，熬夜將教科書內容全數記起來。我最喜歡英文，考前都會把課文一字不漏地背誦起來。甚至連讀書報告也要整齊地寫完才要睡覺，是完美主義者。我自知不具備聰穎的資質，所以很努力地讀書。也因為我的努力，成績也維持得不錯。

還記得，中學第一個期中考，我的英文成績是全學年唯二得到一百分的學生，為此我開心得不得了。這時，我的座右銘便成了「只要努力一定會有好結果」。

我在白百合學園中學度過的六年間，無論是讀書或是參加學校活動，每一項都全力以赴，還交了許多好朋友，特別是高中三年，每天都過的很開心。雖然中學入學考試失敗，後面卻有非常精采的學生生活，因此，我能體會「塞翁失馬，焉知非福」的意義。

## 實現願望，進入東大

升上高三後，我決定要去考東大。我在三姐妹中排行第二，只有我是上私立中學，因此母親希望我大學能讀國立學校。不擅長數學的我，以一橋大學的數學考題偏難為由而決定去東大應考。由於我有中學考試失敗的心理障礙，再加上不相信自己的能力，模擬考成績確定要考上東大有困難，但我決定憑著「只要努力，說不定能考上」的想法，專心地準備考試。

我都在家讀書，如果覺得在家無法專心，會到附近的圖書館或是補習班的自習室讀書。無論是在學校或補習班，都會有激勵人心的同學，因此我才能到考前都開心地奮力讀書，想到此，我就會覺得環境非常重要。

即使認真準備考試，但該享受、開心的時候一定不放過，高三的暑假，我放自己一天假，去看我最喜愛的日本團體 access 團員之一—貴水博之先生的歌舞劇（同劇中演出的女主角久寶留理子，後來我有機緣在某個節目中與他搭檔演出，也獲得他的照顧）。

高三秋天的學園祭（校慶），雖然往年高三的學生都不參加，直到我這一屆，大家卻都一反慣例地參加，我也在舞台上跟朋友開心熱舞。體育與音樂的時間會讓人暫時忘了讀書，所以學園祭那天我們把握最後機會充分玩樂。

高三其他的時間，我專心地努力讀書，相信自己只要努力一定能成功，無論是走路或騎腳踏車的時間，我都不放過機會地拿著小抄努力背書，更努力解著自己不擅長的數學題目。

在正式參加東大入學考試的英文科考前，我告訴自己「在場的人都沒有我這麼下功夫讀英文」。最後總算如願考上東大以及所有應考的私立大學文學系。

## 選擇與別人不同的道路

我人生中第一次做出與別人不同的決定是在大學時期，是決定要從文學系轉到工學部的時候。在東大的前一、兩年是所有學生同修通識課程，從三年級開始才決定想要走的專業。我打算要進入教養學部的國際關係論分科就讀，才參加東大的文科三類組考試。其實進大學沒多久後，我就打算將來要進外務省（外交部）工作。

當我在學科說明會中，對坐著聽課、讀書寫報告為主的授課方式完全沒興趣，也不知道該如何是好，這時接觸工學部社會基盤學科的「國際計畫課程」。所謂的社會基盤學科，原名為土木工學科。

「國際計畫課程」是指，為了針對東南亞等新興國家，協助造橋鋪路工程的援助計畫，或是開發援助的領域，能培養出適任的工程師成立的課程，並在學科設立完成。當天發給學生的說明手冊，註明了不像東大會寫的充滿攻擊性的宣傳文「能活躍於世界的不只是鈴木一朗與濱崎步而已」。

我覺得「讀文組也好」、「到海外實地調查的機會豐富」，加上我很喜歡出國，所以直覺認為想到海外做實地調查，於是立刻決定進入該學科就讀。就這樣，我成為該學科第一屆的學生（現在令人開心的是，現在該學科已經成為東大的熱門科系）。

我們必須要跟「以理科進入東大就讀學生」的純理科生一起上課，我也被告誡過「會跟不上」，但我不予以理會，抱著「打落牙齒和血吞」的心態，上完整套課程。認真準備考試、報告，憑著一股傻勁努力，自然反映到成績，後來我跳過研究所考試，直升大學院。

土木科的學習很有趣、教授跟同學對我很好，我因此度過愉快的大學生活。現在我很慶幸選了一所好學校。

這是我人生第一次初嚐「選擇與別人不同道路」的樂趣與緊張期待的心情。從小我就不理解，為什麼跟同學做同樣的事，只有我惹老師生氣，更常因為一些行為而受到他人欺負。我打心底就覺得自己跟別人很不一樣。因為這樣的經驗，與其說，我是因為害怕與人不同，倒不如說，我是因為喜歡那條路才做了這樣的選擇。

## 行動，就會改變

從學生時期開始，我養成「只要行動，前方就會有有趣的事情等著我」的想法。養成契機是中學時代時我參與的「追星活動」。當時我是日本偶像公司傑尼斯團體「嵐」成員二宮和也的超級粉絲，我的好朋友則是美國的兄弟樂團「HANSON」的粉絲。我們兩人雖然沒有一直追著偶像跑，但只要找到可能遇見偶像本人的機會，就會瘋狂追星。

偶像本來就是對一般人來說很遙遠的人，見不到是正常的。原本就知道要見到偶像的機率很小，但如果不採取行動，見到本尊的機會就是零。就算可能性只有極微小的百分之一，也要賭一把。只要這麼做，就有機會見到。在青春年華，成功經驗的喜悅會帶來非常巨大的效果。

我的人生有個非常重要的回憶，發生在大四即將結束時，二〇〇六年二月的義大利都靈的冬季奧運，我到舉辦國去觀賽。那屆冬季奧運是日本花式溜冰女子選手荒川靜香獲得金牌的那一屆。對花式溜冰比賽來說，冬季奧運是很特別的賽事。

我在一九八八年加拿大卡爾加里冬季奧運，透過電視看到知名溜冰選手卡特琳娜．維特的「卡門」※演出實在太精湛，很想到現場觀看傳說中的精采畫面。於是，二〇〇六年，正值完成畢業論文的時期，奧運剛好正要開始。原本沒打算要特地前往觀賽的，但一想到未來人生不會剛好有可以前往奧運觀賽的機會，於是我轉念打算去觀看奧運。

註：卡特琳娜·維特和美國選手黛比·托馬斯在一九八八年冬奧會女子單人滑自由滑中的對決，常被稱為「卡門與卡門的對決」（「Battle of the Carmens」），這是因為她倆在賽前被公認是一九九八年冬奧會冠軍的熱門競爭者，恰好她們的自由滑選曲都是經典音樂卡門。

我向旅行社洽詢，包含女子滑冰的觀賽門票的旅費約為四十萬日圓，實在貴得無法下手，承辦人員見我猶豫，答應如果單買門票，可以用十萬日圓賣給我，其餘的部份，我則購買最便宜的機票與米蘭住宿，最後我把全部費用控制在二十萬日圓以內。

本來以為，能前往奧運會場觀看就已經是萬幸，沒想到還有幸觀看到荒川小姐領取金牌的歷史片刻。荒川小姐演出旋轉與跳躍時，我是現場叫得最大聲的。比賽結束後，我還在場外跟荒川小姐的父母說話，也跟另一位安藤美姬選手合照，根本就是粉絲圓夢時刻呀！能出現在奧運比賽會場觀賽，真的非常開心。

心裡總會想著應該不會再有「何時有機會再去」的機會。這種消極話語一旦說出口，就永遠無法付諸行動。四年後的溫哥華冬季奧運果然與諧星訓練學校的課程衝突，因此不能成行。再加上二〇一四年的俄羅斯索契冬季奧運的觀賽費用居然一路高漲到一百萬日圓。在這種情況下，根本不會有第二次的機會出現。我深深理解到「現在不行動，不會有第二次機會『Now or Never』」。

整天無所事事確實可以安穩地度過每一天。但如果行動就能讓平凡的日子變為一生難忘的特別日，不但會遇到非常開心的事物，有時人生也會因此而改變。一旦發現有趣的事物，一定要立刻行動，這想法源自於追星活動與奧運觀賽活動體驗。

## 往寬廣世界邁進

我有個習慣是會逼自己想像，一旦採取了行動，後果會如何的習慣。對「成為諧星」這個選項，我當初也是卯足勁做出各種想像，最後才得到要試試看的結論。

大學時期的我也是這樣。大三時去了泰國一個半月，大四時則去了丹麥兩個月，研究所時在菲律賓待了半年實習，這一切都拜高中時期追星時養成的行動力所賜，我因而養成「只要遇到有興趣的事就放手去做」的模式。

大三時在泰國的實習，是利用社會基礎學科設計的實習制度，讓我們邊與當地大學生交流，邊調查曼谷市內的基礎建設的維護狀況。我也是在這時第一次了解用頭腦與雙腳獲取新情報過程的樂趣。我覺得，要做現地調查的直覺真是對極了。

大四時在工學部的教務處外走廊，看到那張海報後，我便開始行動。大概是剛好經過，不過在我看到活動海報的瞬間，就知道該行動了，於是馬上準備應徵。經過文件選拔與英語面試，我終於來到丹麥第二個都市奧胡斯的道路整備局實習。

實習時期，我需要調查的是「如果想減少街道區域的路邊停車該怎麼辦？」並提出改善參考方案。

我跟另一位蒙特內哥羅人，一起在區域內騎著車往來查看。奧胡斯秋天的天空景致真是美麗，但同組的蒙特內哥羅人做事態度隨便，最後的簡報作業全由我一個人完成，雖然如此，也是個美好經驗。那時導師的一句「I know you did everthing.（我知道全部都是你一個人完成的。）」救了我。所以我感受到，不斷動腦思考，騎著單車來回，試圖解決問題的整個過程的有趣的地方。

這段實習期，我還能每月領到二十萬日圓的薪資。我運用那筆錢讓自己在週末，到丹麥的北邊城市斯基恩、哥本哈根、德國的柏林等地去享受一個人的旅行，甚至還幫自己存到半年後義大利都靈的冬季奧運的觀賽費用。

研究所一年級，我到菲律賓首都的馬尼拉，進入支持亞洲經濟發展的亞洲開發銀行實習。這裡的研究是從調查馬尼拉汽車造成的空氣污染現狀與原因開始。

有一次，我到汽車的排氣檢查場做訪問調查，到現場一看，才發現那裡都是當地的卡車司機，驚覺在場的人只有我一個日本人。「這麼遙遠的地方，一般日本人是不會有人來吧！」我對自己能在塵土飛揚的地方，用雙腳取得最新情報，感到非常興奮與開心。不畏懼走訪各地，我想即使成為分析師也能好好活用這項長處，在麥肯錫面試時，我記得我說了這個小故事。其他經歷，比方說，在亞洲開發銀行的實習經驗中，讓我近距離見識到在國際機構工作的樣貌、也認識到從世界各國前來的將近二十人的實習夥伴們，我確實從中累積相當寶貴的經驗。

一連串經驗，我都用自己的頭腦思考，用雙腳行動，我知道自己能拓展新世界到眼前。正因為知道投入未知世界的樂趣，所以才能在辛苦中踏上成為諧星的道路。

# Column 2

**"I got everthing I need right here with me. ···**
**I figure life is a gift and I don’t intend on wasting it."**

「我具備一切所需的。…人生就是禮物。所以，我不打算浪費。」以上是電影《鐵達尼號》中，由李奧納多．狄卡皮歐所飾演的傑克，他所說的台詞。默默無名的貧窮畫家傑克，受邀參加上流社會的餐會，當他被以嫌惡眼神質問「你那樣像無根浮萍般的生存方式，有魅力嗎？」他堂而皇之地這麼回答。這段台詞就是那個時候的回答。這部電影上映時是在一九九七年，當時中學二年級的我把這部電影當作悲傷的愛情片，深深地著迷了，等我年紀再大些重新再看，才發現這部電影想要告訴觀眾的其實是那段台詞。

在做決定時，我一心想要肯定自己將要下的決定，因而幾度重新觀看這個片段。我突然察覺到，再不做任何改變，我的人生將要徒然消逝。因為片中的蘿絲即使身處上流社會，卻不覺幸福，而傑克則是一個即使貧困也能盛讚生命的人。結果，幸福只有自己內心知道。

現實中，我眼前不可能出現傑克那樣的人，但他告訴我「決不能失去真正必要之物。」因此我得到做決定的勇氣。

# 第三章

# 勇敢做決定

## 成為諧星

自從下了成為諧星的決定，至今已過了四年。過程相當耗時，最近，內心的擺盪終於終止，也終於接受自己諧星的身分。

剛開始我說不出口的特有「早安」問候方式，最後也毫不抗拒地說了出口。現在我已能肯定自己對「如何才不使人生後悔」的疑問做出的行動。

雖然諧星是我「如果有下輩子」時想要成為的職業，一旦認真地成為諧星卻發現過程比我想像的還要艱難，卻也比想像的好。這一章我想要對剛下人生決定，及正想要踏出關鍵一步的人說些話。

當年我從麥肯錫離職，乘坐著西伯利亞鐵道旅行歸來後，在二〇〇九年十月我進了諧星訓練學校 WATANABE COMEDY SCHOOL 成為第十一期的學生。對在陌生世界所要展開的嶄新人生，我很興奮。那個世界的人會把麥肯錫的日文發音 MAKKINZEI 聽成「MAKKIN 稅」而不斷詢問那是什麼稅金，是個無人知曉麥肯錫的環境。

辭去工作後，我抱著捨去之前人生所有累積一切的覺悟，進到諧星訓練學校，在二〇一〇年春節結束前，意識到自己毫無幽默感。

以前我雖然喜歡在公司聚會，擔任主持人讓氣氛 high 到最高點，但那畢竟不能拿來跟成為諧星，盡力使客人發笑相提並論。我很快地就遇到「完全寫不出橋段」的瓶頸。

或許有人會說「這些事在你進諧星訓練學校前就該知道了。」可能我是亥年生的人，天生就有旺盛的挑戰慾望，本來就屬於不事先規劃就一股腦兒往前衝的人。我總在腦袋思考前，就舉步奮力往前進了。我覺得，即使經過全面性思考，結果要經過嘗試才知道，因此不願意妥協。我就是這樣長大，之前的人生也沒什麼特別的困難，也因為這樣，我從未遭遇過「因為沒有去做而後悔」的後悔經驗。

我在自己小學畢業紀念冊寫下「我喜歡的事：使人發笑」，原來我小時候就喜歡使人開心。高中二年級，我擔任校慶（學園祭）的執行委員，在舞台上大聲宣傳又唱又跳地，朋友都稱呼我為「藝人」，我感到非常開心。進入大學後，能臉不紅氣不喘地說著露骨笑話的女生實在稀少，所以我常在聚會或是研究室裡娛樂同學或老師。即使在海外實習，外國實習生也常因為我模仿英國人的模樣爆笑不已。

那樣的經歷與當我成為諧星，要站上舞台讓對我感到陌生的客人們發笑，還是屬於不同的層級。在觀眾前開玩笑要比在觀眾前認真應對還要難上一百倍。

成為諧星前，我都待在菁英的人群中生存，從未意識到自己的東大身分，但在脫口秀世界，卻變成只有「東大人」稱謂而已。我絞盡腦汁思考出來的題材無法搬上檯面，甚至在SML（School monthly live）的學校排行榜，也經常敬陪末座。身邊的朋友著急地建議我「既然你是東大出身，不如就拿那個來當題材如何？」結果也寫不出好題材，我頓時記不起想做的事，而不知所措，一路隨波逐流地就這麼過了一年，諧星訓練學校的課程也跟著結束。

諧星訓練學校 WATANABE COMEDY SCHOOL 的同期學員約一百五十人，畢業後只有一成左右的人會成為 WATANABE ENTERTAINMENT 渡邊娛樂集團的旗下藝人。

即使隸屬公司旗下，也沒有固定薪水，所以不是份安逸的工作，但如果沒有隸屬某公司旗下，不能參加電視節目的試鏡。能不能被選為公司旗下的藝人，決定了能不能成為藝人的關鍵。我在諧星訓練學校畢業，很不幸地沒有被 WATANABE ENTERTAINMENT 渡邊娛樂集團簽下。

## 「開始的勇氣」與「持續的勇氣」

我壓根沒想到「既然如此，當初就不該辭去工作跑來當諧星了。」能實際挑戰夢想，這過程真正由內在感受到接納自己的心，我覺得是人生的收穫，也覺得自己解決了一件「不做會後悔的事」。

雖然心裡想的很正面，現實還是感受到打擊。跟在麥肯錫上班時不同，我心裡想著的是「明明就想要當諧星，卻沒有可用的橋段，觀眾投票時也拿不到票，如果別人對我沒太大需求，那我也不用再繼續堅持。」認真從事想做的事，卻遇到瓶頸，挫折感真的很大，該如何是好，我毫無頭緒。我了解到自己正處於一個嚴酷的世界，甚至認為，現在這個情況是要告訴我，應該在試過後就放手，重新回到以前的現實世界。

常言道：「年輕時遭遇的挫敗將會有所回報，挑戰要趁年輕。」這句話深深刺中我的心，因此我想認真轉換跑道不會只是一、兩次而已，應該趁三十歲前，轉換工作容易，重返職場傷害不深的時期，勇敢去挑戰。

這時，我和麥肯錫工作時的導師並木先生一起吃飯，我並沒有對他傾訴自己的煩惱，只是有個機會碰面而已。當時並木先生已經離開麥肯錫，自行開設了一家公司，株式會社 Field Management。

他聽完我的近況，給了建議「好不容易開始追夢，再努力看看吧！」並說了很多鼓勵我的話。為了踏上追夢之路，開始前我經歷諸多煩惱，才抱著必死的決心一頭栽進諧星的世界，只因為一點不順心就放棄，不就太可惜了。

這次與並木先生見面，讓我知道對「再試試看」是完全沒有資格否定的。我在第二章提到「持續工作的三要件」，好好思考，雖然追夢過程頻走下坡，但還沒到想要放棄成為諧星的地步。「喜不喜歡」的答案是ＹＥ

S，雖然沒有「比別人厲害」，但「對於未來有沒有目標」這項，毫無疑問的還是YES。檢視下來，現在的狀況跟在麥肯錫時完全不同。我從並木先生的話找到力量，重新思考後，我應該要再嘗試看看。

在諧星訓練學校 WATANABE COMEDY SCHOOL 的畢業典禮上，WATANABE ENTERTAINMENT 渡邊娛樂集團的渡邊社長提到「我會努力讓這個世界持續下去。」我了解「持續朝夢想邁進，這件非常簡單的事。」

我主張「不可預知的未來令人期待」，而做了這個人生抉擇。但是，當我這麼說的時候，其實是身處於社會的安全範圍之內。直到我成為諧星，才深切體會到所謂的「不可預知的未來」，其實是在黑暗森林，要用勇氣與能量，持續用雙腳走出道路，未來可能不見光明，是「高風險低回饋」的恐怖境界。這充其量是感覺而已，一持續懷抱希望，不會有事，如果沮喪、畏縮，就會遭逢厄運。有一段時間，我完全不想思考橋段與題材，過著如同自由工作者般的日子。

我看著大學同期校友，有種「坐上性能良好的日本車，在建設穩固的高速公路上，順利駛往設定好的目的地前進」的感覺。回過頭來看，我的收入與保障皆無，甚至連貸款都貸不成的身分，我終於理解讀到東大生，根本就不適合成為諧星「明明眼前就有暨安全又有保障的道路可行，實在不應該選一條亂七八糟的道路走去。」

「想繼續下去」的涵義是「要持續不斷是難事」。有許多人在諧星訓練學校畢業後就放棄離去。我深切體悟到所謂的「想繼續下去」這段話隱含的意義。

持續下去，從好的意義來看，無法掌握前方要發生的事，是演藝界的特色。當我認真想要放棄而去，我的初次電視演出邀約突然敲定，那次的表演題材反應居然還不錯，然後經紀公司突然認可我，把我簽下。這一切發展只能說非常幸運。我實際體驗到，那時在麥肯錫學到的哲學，事情不可能立即往好的發展，但也不需要過度焦慮。以前不論我在大學時期，還是在麥肯錫時期，都是一、兩年內就可看到極大轉變的世界，演藝界的前輩說，在演藝界生存需要花上十五年的時間才能適應。所以我決定要改變對時間的認知，奮力繼續努力。

除了持續努力，諧星訓練學校 WATANABE COMEDY SCHOOL 同期的同學也給我很大的幫助。他們像朋友一樣聆聽我的困難，真的非常感謝。

## 盡全力付出

我本來覺得當個諧星很有趣。每個諧星都有最初期的體驗，才會走上諧星之路，無論在東大或是麥肯錫，我都以為自己是最有趣的。不過要先放下「從客觀角度看，這些不屬於常態的組織」先入為主的想法。

持續做一個藝人，很多時候會有「我不適合這條路」、「我沒有才能」想要放棄的時刻。這時我會問自己，是否已經發揮了百分之一百二十的心力作為判斷，目前為止答案都是否定的。我果然還沒發揮百分之一百二十的功力。

在諧星訓練學校 WATANABE COMEDY SCHOOL 的招生手冊或是網頁上都寫有這樣一段前輩所說的話。

「在演藝界能持續努力非常重要。即使放棄也不是壞事。不過，請務必將深藏的內在，極限地發揮出來。如果經歷努力還是不如人意，放棄也無妨。想充分發揮能力到極致。如果需要找人商量，ＷＣＳ永遠有許多願意提供想法與建議的人存在。」

ＷＣＳ就是諧星訓練學校 WATANABE COMEDY SCHOOL 的縮寫。

在諧星的世界，運氣左右成功，從來不存在「只要努力就有收穫」的法則。

要站在「將內在潛能發揮到極致」的境界，否則就不算站在起跑點上。如果不這麼做，你一定會放棄，我已經準備好，萬一我以百分之一百二十的努力來表現自己有趣的地方，仍舊沒人願意捧場，我就放棄這條路，現在我能做的就是，「專心表現出百分之一百二十自己的有趣的地方」。

從諧星訓練學校畢業已經過了兩年。

回首過往，我只發揮了百分之一的心力，根本不到百分之一百二十。我曾是諧星界的劣等生，但我相信自己應該還有可以發揮的才能，畢業後選擇要專心一意地踏上持續挑戰的道路。

思考題材對我來說，相當棘手，我總是花比別人還長的時間想題材，也很想逃避。從「只能在擅長的領域勝出」的戰略論來思考，我發現我在做非常沒有效率的事，根本缺乏麥肯錫精神。

「持續才重要」，幸好我沒有放棄。很早以前，我以為一輩子都無法參加節目，現在我成功參加了。雖然努力還未達百分之一百二十，但能感覺到自己比以前往夢想邁進許多，真的非常開心。我深深感覺到，努力與勇氣是永遠不會背棄自己的。

「未來，從好的面向來看，有未知在等著我。」只要持續努力，即使進度很緩慢，一定能一點一滴地拓展我的界線。原本以為的不可能也會轉為可能。距離百分之一百二十又向前推進了百分之〇、一……。」

現在我懷抱著這樣的想法，過著每一天。每一位看到我都能笑瞇瞇的觀眾，對我來說，更勝一切。最近，我上了電視的現場直播節目，觀眾們的笑容與笑聲是我能量的來源。

## 誰也不是

「你要知道自己誰也不是。」是改變我人生觀的一句話，這句話是從諧星訓練學校老師那聽來的。要先對「光憑自己的力量，無法成就任何事」有所自覺。

我是一路努力過來的，也但是受惠於環境所積累的努力，我的經歷絕對不是單靠自己的力量就能構築起來。一旦能轉變成這樣的態度，我們就能用較遠離的視野來看待，至今積累的「生涯」幾乎是運氣與環境的產物。

辭去工作，進入諧星訓練學校後，我以一介無名小卒，捨棄頭銜和學歷的狀態登上舞台，我了解「我真的什麼都沒有」、「甚至讓眼前的觀眾開心的能力都沒有」。我第一次察覺，之前緊握著「東大學生」、「在麥肯錫工作」的頭銜身分度過的人生相當可恥。這些只是運氣與環境碰巧得來的頭銜，誤以為自己「特別」、「與別人不同」的想法很令人羞愧。

我試著捨去頭銜，挑戰成為諧星界的「石井輝美」，第一次感覺到無論從事何種職業，憑藉自己的力量，感到幸福非常高。我對在二十七歲前，未能體會到這不變真理的自己感到羞恥，也理解自己以前是在如何狹隘的世界，用狹隘的眼光過人生。

當我認知到去除掉外在給予的高價值頭銜，察覺到自己竟無力至此，我才懂了那段話的意義。如果不知道「自己什麼也不是（無法真正了解自己）」，那你將無法謙虛，正確地努力。瞭解那段話時，我二十七歲，以年紀來說或許晚了，但也因此脫離狹隘的世界，發現了人生真正重要的事。萬一始終沒有察覺，我會以自以為是菁英的樣子過一生。能察覺「自己誰也不是」、「只不過是無力且無能的存在」，對我來說是至寶。

## 捨去自己

在諧星訓練學校期間，我也聽到如果想以「使人開心」為目標時該怎麼做的訣竅。就是「必須捨棄自己。這伴隨著極大的犧牲。如果你仍覺得害羞，那麼現在就放棄。」

這段話源自於某位知名女星，我理解一旦踏入演藝界，絕對不允許有「因為害羞而不做」、「想要保持美好形象」的害羞與煩惱，如果不將內心裸露，無法將真正想傳遞的訊息順利傳達。如果在舞台表演橋段，突然害羞，可是會成為別人的笑柄。既然都走到這個地步，不該處處想要保護自己。最起碼要讓舞台上的自己不害羞，否則什麼也做不成。

我沒有另外取一個藝名，決定用本名也是為了讓自己沒有後路，捨去羞恥感奮力一搏。

## 麥肯錫教會我的事

成為諧星後，能挑戰喜歡的事非常開心。我這麼說，並不表示我贊同，如果沒有麥肯錫的經歷就沒有現在的自己，而且從這些經歷體驗到很多事。譬如以下四種。

其一，在三十歲前，對成為上班族的人生體驗獲得認同感。以前的我以為，在公司好好工作的生存方式才是正途，抱持這個信念好長一段歲月。我認為，因為有了「體驗」的想法，才有了後來「脫離」的念頭。以我的狀況，在麥肯錫，見識了許多比我還要優秀的人，我想就是因為自己內心認同「走在菁英路途」這件事，才能徹底棄絕這樣的想法。曾有位麥肯錫的前輩告訴我說「石井小姐，你不覺得就是因為麥肯錫裡有個『負選項』才好呀！」正是如此，總要先知道「不想執行的項目」，才能清楚知道「想做的項目」。

要先體驗夢想的「住過豪宅，吃過高級餐廳的美食」這種所謂的「好生活」，才能理解「幸福」。唯有如此，我才能遵從自己的幸福指標過人生。

心裡想著「雖然我有想要往前踏出一步去挑戰的事，卻被社會的價值觀綑綁而無法行動」的人，建議先從一般價值觀認可的事情開始行動，內心有許多想要行動的事，卻只想要擇一行動的人，建議將貪心的想法都去實踐。

其二，「任何世界都一樣」。舉例來說，如果我在大學一畢業就去當諧星，一旦遇上不合理的事，我就會用不屑態度說「就因為是演藝界才有這麼不合理的事發生，要是在一般公司工作，根本不會發生這種事。」我覺得不論是在哪家公司多少都會碰到不合理的事，這樣的狀況不管到什麼領域都一樣。實際進入演藝界後，我才體驗到真正看實力，評價的演藝界比其他世界來得更真實。

其三，理解狀況不如想像的糟糕。在麥肯錫上班，我曾以為做不好的只有自己而焦慮不已，即使外界的人不理解，同事們得到壞評價的，其實超乎想像的多，大家都在水面死命地想往上爬。覺得自己不適合這份工作的，其實不只我而已。後來發現，我比想像中的還要負面。用一個理由「自己不適合當諧星」下結論逃走其實很簡單。如果逃走了，自己到底還剩什麼。正因為有麥肯錫的經驗，我才能告訴自己要更堅強。

置身於麥肯錫，一個沒有有責任保護你，並要求每個人當自己的權威，無論在工作、人生方面都要親手開拓屬於自己道路的環境中，我才能斷然從菁英軌道下來，不隨波逐流地往屬於自己的人生道路前進。那時我才真的感覺，手中握有自由控制自己人生的車票。

雖然只在麥肯錫待了短短的一年，但我覺得，麥肯錫的經驗是我人生中最寶貴的經驗。

## 麥肯錫的支持

懷抱著「只要不失去家人與朋友就好。」的想法，一腳踏入諧星界，現在回想起來，卻搞不清楚自己為何要那麼害怕。現在除了許久不見的朋友會到現場來看我表演，也結識了新朋友，朋友不減反增。我想挑戰新事物時，提供協助的人也增加了。

曾抱著會被同事們遺忘的覺悟而離開，我在成為諧星後，跟前同事們的聯繫居然增加了。就算被公司告誡「這與品牌形象不合，請不要公開你曾經任職於麥肯錫的事。」他們也不在乎，對此我有心理準備，但後來的發展完全超乎我的想像，麥肯錫，果然是重視人的多樣性（variety of people）的企業。

現在，我會與進入麥肯錫的畢業生與現職的諮商顧問聚會，也是他們每年聚會的幹事成員之一。有個幹事成員還偷偷瞞著我，來看我的現場演出。甚至連日本麥肯錫的日本支社長平野正雄都有來過。他是我在麥肯錫上班時，覺得在雲端上的人。當我在台上看見他的瞬間，不自覺地說「他在做什麼！」據說他的觀後感是「當天的演出立即要被觀眾評予升格或降格的世界，比麥肯錫還要嚴酷。」

無論如何，能被前公司的同事支持著現在從事的事業，是一件幸福的事。支持我的人的身影，是我在成為諧星前無法想像的事。我覺得，放手的事物有多大，新入手的喜悅就會有多大。

## 放手去做

不管他人評價，待在自己認同的地方最自在。不論那是符合社會價值觀的，或脫離社會價值觀的都無所謂。希望各位避免的是，無意識地讓自己身處那樣的框架。我親身經驗過，想要脫離框架有多麼困難。框架中的生存方式在現實社會有許多好處，當你想要脫離框架，身邊就會有許多人告誡你許多事。

當你想要脫離框架，不知如何面對這些人與事時，我想告訴你，當時在下決心時，那些「反覆折磨我」的事。還想對要往前踏一步卻猶豫不前的人說些話。但是，我並沒有把做決定這件事想成是「在同樣條件的兩個選項，而感到迷惘（A銀行與B證券公司，該去哪裡就職而迷惘）」。

## 決定是一種「捨去」

我跟許多人對話後，發現「有真正想做的事」，無法痛下決心的人其實很多。

通常我們決定要往某一條道路前進，只能放棄走另一條道路。我們必須捨棄長久緊握手中的一顆棋子，那顆棋子保有了諸多的可能性，獲得棋子前，努力獲得的東西是我們要下定決心帶來煩擾的事物。

下定決心後還能保有原有的一切是最幸福的。反之，會為了捨棄何者而感到迷惑的人。一旦選項變多，就會變得煩燥。

我們會為了即將失去事物的風險感到害怕，而緊握著手中之物不放。就像當時對我來說很重要的麥肯錫，曾「被視為世界最高價值之物」，具有「相當程度的依賴性」，但面臨非放手不可的狀態，就會越緊握不放。

我從東大往麥肯錫一路前進，過程有許多美好事物，但是我卻不曾從心底感受到幸福。就算未來繼續走那條路，也不會有違和感。但我相信只要挑戰想做的事，才能更靠近幸福，因此痛下決心。

這麼做後又該如何？

下定決心後，容易注意失去的事物，如果要我說出究竟失去哪些，我反而想不出來，因為幾乎沒有。仔細想一下，只剩下，轉職到終身雇用制的公司去的可能。硬要說，失去的大概就是金錢。如果以沒有選擇成為正式員工的機會損失，那麼包含金錢在內，我可能失去了非常多。

在這層意義來看，我反而得到無價的經驗，認識更多人，以及追求人生的幸福感。在辭去工作後，從未出現「那時沒有察覺，失去後才發現它的好」的誤算。

這只不過是先試著踏出第一步，萬一錯了再回頭就好的嘗試。只有生命是一旦失去再也要不回來的事物。

失去什麼，人生不會就此終結，而要更賣力去挑戰夢想，這個經驗是無可取代的寶物。

## 高學歷是改變人生的能量

有人說，越是高學歷的人越懂得明哲保身。這麼說也沒錯。因為高學歷就職大企業的正式職員，領取安定的薪水，享有退休金，獲得社會大眾的信賴，又有社會地位等等，社會給高學歷的人們很多優待。

以前我曾想過那樣的人生，因此非常了解想要安定的態度。當我變為靠打工度日的身分，更能深刻體會到，應該不會有人自願放棄甜美的果實。但如果不具備靠自己生存下去的能力，出手挑戰會損失。

越高學歷的人，越不會做出高風險的決定。並不是「明明就有學歷，不這麼做太可惜」，而是「就是因為有學歷才這樣」。若從認真用功考試的程度來看，高學歷的人有比較高的問題解決能力，即使轉換新跑道也比較容易成功，這個想法也與前述相似，若從保障的角度來看，高學歷的保障也比較大。

靠之前努力養成的自信與自我肯定，會成為轉動未來齒輪的能量。既然手上已握有最強法寶，更應該要加入冒險的行列。

認真讀書，考進好大學，再進入優良企業任職——如果這是你以為的幸福，那就是世界上最棒的事。但是，如果你覺得那樣的人生一點也不令人期待，心裡又有想著要完成的夢想，那我勸你要提起勇氣，往前踏出一步。即使最後失敗，也能重來一遍。不過是再找份工作就可解決的事。如果有學生告訴我「沒有夢想。」「也不知道自己想做什麼。」我會建議他「起碼要把書讀好。」讀書是拓廣自己未來選項的手段，也是幫助你找到想做的事的捷徑。不論你覺得好或壞，這世界就是對好好讀書的人最有利。

當你發現人生最想做的事，就會有個安全基地等候你，所以請不要擔心。

## 工作不是為了知名企業的頭銜

為了成為諧星，我捨棄原有的安定收入的工作，但卻對生活絲毫不擔心。就在我辭去麥肯錫的工作，我已經完全擺脫「非要在知名企業上班」、「非要當個正式員工」的虛榮感，就算不選擇知名企業上班，一樣可以好好生活。

大家都說「工作難找」，但是，如果在沒有自己的想法下，受大企業的擺佈，那真的就是「工作難找」。口中喊著找不到工作，事實上大多情況並不是沒有工作做。只有沒有找到「能滿足自我自尊心的工作」罷了，有選擇權的還是自己。

我以前是個擁有「高自尊」的人，所以非常能理解「想在有份量的企業上班」慾望的人。有些狀況是「要進父母能安心的企業，以及親戚們都知悉的企業」。但不是所有人都適合「只要在知名企業上班就好」價值觀。對大學生們演講，我會告訴他們，選擇工作前「一定要先確定自己的主軸」。

不論是兼差打工、社團活動、讀書考試，以曾經歷的事當作基礎，從中找出做起來開心或是感覺有意義的，建立自己的主軸。因為經驗，在面試時都是可以拿來當作加強應徵動機的說服材料。

企業徵才說明會或是拜訪學長姐，要好好檢討企業是否符合自己的主軸，選出能幫助自己實現夢想的企業就好。如果只是周旋在「反正是知名的企業就去應徵」，你應該也說不出自己的應徵動機。千萬不要像無頭蒼蠅般，先確認自己的主軸，在面試時能跟對方說清楚，也能讓自己從「一定得進入社會價值觀裡的好企業」的框架脫離。

我在真正能順著自己的主軸生存前，繞了一些遠路，當我捨棄扭曲的自尊，發現自己已經真正超脫「將來再度就業，我非要進入知名大企業不可」的層次。經由求職網站，我找到了現在正在進行的翻譯工作。現在，我不設限，可以靠任何工作存活在這世上。

## 一〇〇%對自己負責

辭去工作前，我一直都是走在前人鋪設好的軌道。那軌道確實是社會認可「好的」、「極致」的道路，現在回想起來，如果我毫不懷疑地繼續順著軌道走，內心就不會出現想完成夢想的道路。

在麥肯錫工作，我經常被告誡「要對上市公司的股票圖表負起責任。」擔任諮商顧問的我們，必須主導完成所屬領域的工作。有不懂的地方、後續不會有人協助你完成、也不會有上司代你負起責任，一切都是自己的責任。

我發現，麥肯錫教導「自己主導」、「每個人都要能帶領自己」的做事方式，後來都成為我開拓未來人生的指導方針。能夠引導人生的畢竟是自己，我們無法推卸責任給他人。也就是說，百分之百由自己負責。

在自己的責任範圍內，放手去盡力嘗試。後來我決定要依照自己的想法，邊冒險邊度過人生。因為對人生有夢想：「掌握人生」、「要挑戰所有夢想的人生」，所以對未來充滿期待，而喜歡現在的人生。

## 擁有自己的價值標準，不與他人比較

「成為自己人生的主角」是我們擁有自我價值標準後，才能到達的境界。

我相信，成為諧星這件事有絕對的價值，因此，不論旁人如何看待，我都能懷抱著驕傲繼續挑戰下去。我不覺得只有在公司上班才值得尊重，真正能理解這件事也是我在麥肯錫上班學到的事。

忠於自己的感覺，穩固價值標準後，的確就能把世間的標準與價值觀視為無物，生存的世界也變得輕鬆起來。現在我比扛著麥肯錫的頭銜時，還要來得有自信，即使被他人嘲笑，我也不在意。辭去工作後，不知道被其他人說了幾次「辭掉麥肯錫公司真是可惜。」我覺得，不論是社會價值多麼高貴的工作，自己不想要的，捨棄了也無足可惜。反而覺得，無視自己真正想做的事就這麼死去，才是最可惜的。

假設世界級電影明星出現在身旁，如果我們一點也不感興趣，那麼，世界明星對我們來說，就一點意義也沒有。如果是自己喜歡的小明星，有幸遇到，都會感到幸福無比。將自己的標準，建立在生涯規劃。

要和自己約定「不與他人比較」。人與人比較是沒有止境的，不論對方是誰，開始比較，就會心生厭惡。我覺得比較是人生最不該做的事。相比較的對象設定成以前的自己就好。只有遵從自己信念生活的自信，內心的焦慮也能減輕。

我不是說要跟別人不同比較好。有時候自我價值標準會「被別人稱讚」、「想要做跟別人一樣的事」。只要自己接受，怎麼樣的標準都好。與周遭人們價值觀不同，往不同的方向前進，是需要勇氣的。如果一味地害怕與他人不同，就無法找到自己的人生。

現在的社會正處於不知未來的不透明時代。日本在以前明確知道大家是往同一個方向發展，共同追求經濟成長的時代早就結束。走向不明確未來的日本，越來越需要脫離軌道的勇氣。我覺得，重視「與人不同」的氣概與勇氣的時代即將來臨。

## 尋找志同道合的伙伴

我說過要抱持只屬於自己的價值標準，擁有不搖擺的價值標準是一件很難的事。

我們比自己想像的還要容易遭到周圍環境人們的影響，常在不知不覺就變得與別人相同。

一旦發現所處的環境，讓追求的價值標準與夢想開始搖擺，首先應該做的是遠離那個環境。對於這點，我還在麥肯錫上班，正在猶豫要不要往諧星邁進的階段，有深切的感受。舉個例子來說「一位諧星每天工作，卻還準備著ＭＢＡ的考試」一樣。就像是「在流動的池水中，獨自逆游。」會消耗超出常人想像的精神能量。

要先從流動的水池離開。

找到容易實現夢想的環境，從事你的夢想，好好體驗那個世界裡的空氣。辭去工作後，有位麥肯錫的同期同事告訴我「最好要找到與你有相同目標的人」，我現在非常認同他的說法。所以，我現在跟著藝人朋友們一起，比單打獨鬥時還要容易提升我的動機。

絕對不要跟與自己目標不同的人比較。比方說，我現在還是會跟大學同學，以及前公司同事一同玩樂，但是我絕對不會把自己的境遇與他們做比較。

我從未拿自己的薪水與他們相比。剛辭去工作，我是從「平日白天在家」這種事開始適應的，如果要把這件事拿來與上班族的朋友就會無法持續實踐夢想。

如果有人想要挑戰新事物，建議要離開會在你實踐夢想時帶給你負面影響的環境，積極接近與你懷抱相似目標的人。

## 遠離負面批評

當我要做出與別人不同的決定時，身邊絕對會出現否定我的人。大學，我想要轉到工學部，身邊同學大肆否定我的決定。甚至還有人熱心提出建議「文科的人程度怎麼可能跟得上理科。」「萬一落榜怎麼辦。」居然還有人說「你被騙了。」我知道大家沒有惡意，所以對自己的發言一點也不負責任。當你要做出與別人不同的決定時，一定會伴隨這樣的雜音。

當我想成為諧星時也遇到同樣的狀況。我大概聽了有不下一萬次「這樣太可惜」的話。確實，如果從演藝界的鐵則來看，「從麥肯錫到諧星」這個題材，很有話題，也有很好的效果，如果以「真是太可惜！（笑）」來引起觀眾們歡樂，會令我感到開心，我也曾被學生說「你這樣很可惜耶！再忍個三年就會否極泰來了呀！」當我反問對方說「真的待滿三年，哪裡好？」他們就會說出我預期中的答案。但是真的只是「太可惜」那倒還好。

周遭的人反應其實也有有趣的地方。朋友中，以果敢挑戰新事物精神過著人生的人，沒有一個人說出否定的話。但還是有人老說著妨礙別人實現夢想的話，諸如：「現在又不是諧星當道，你為什麼要去當諧星。」「你不覺得這些人很脫軌嗎？」「不，你不行的。」不然就是覺得人生一定要穩定的人，說著，「現在的工作雖然很無趣，但我又不知道自己還能做些什麼。」邊抱怨自己任職公司的人。就因為沒有自信、不安，就拉扯這些有自己夢想，做決定的人後腿。

我覺得成為一位諧星，跟這些人一點關係也沒有。我當然非常感謝這些在乎我、為我百般考量人們的建言，但我清楚知道，有些人只是光憑「她所從事的不是正常人的事」，馬上從否定面來看待別人。我想他的口氣一定很輕浮。由於這些種種雜音都會留在我的心裡，所以我很清楚還是不接觸那些人比較好。

最讓我不解的是這些假裝很擔心的人們。常有人告訴我「某某人對你的未來感到擔心。」真的擔心，可以直接來告訴我，但他卻選擇在我未出席的場合說那種話，再經由其他途徑傳到我耳中，實在讓我不知該如何是好。我認為這些人只是在「自我防衛」。之前在同一個秩序中生存著，我做了毀壞那個世界價值觀的決定，因此他們必須要否定我的決定，肯定自己的所處位置，才能互相確認自己的安全性。從安全的場域來看，指責我所承擔的風險確實簡單多了。

還有些人會期望看到我的失敗。

某個朋友曾這麼說「成人後，應該要放棄不切實際的夢想，乖乖待在現實社會的框架，找出具有價值的工作，忍耐著度過一生。」在他的世界「居然有人脫離框架，想要完成自己的夢想，實在太狡滑了。」而且這個人所求的竟然不是金錢和社會的成功，據說他因為「我雖然是個諧星，但是完全不紅，無法拿來說嘴。」而感到欣慰。曾經在麥肯錫忍耐度日的我，非常能理解他們的心情。

身邊的人們對我說了很多建言，我都清楚哪些人是支持我的言論，哪些只為了自我防衛而否定我的言論。否定我的人，我明白他們只能藉由批判他人來守護自己的世界而已，最好的方法就是不接近他們。身邊有那種會對你說「我知道，如果你知道不做比較好就會停下來，所以你一定沒問題的。」的朋友真是超級幸福的。

無論別人贊不贊成與，結果都在自己，我常告訴自己，做決定的結果要自己承擔。

## 不要胡思亂想

現在我常想起「為什麼當初在麥肯錫，光是決定要成為諧星就在內心引起極大的不安呢？」原本我以為以前是受到了世間價值觀束縛，後來我才知道原來牢牢綑綁自己、把自己逼到絕境的，不是學歷也不是麥肯錫，而是我的自我認知。我的人生，在「只要不給他人帶來困擾」的前提下，根本沒有「非那樣做不可」的規定。拉遠距離來俯瞰自己的人生，就會發現，當時在意的事，現在看來根本不算什麼。原來我在遇到要做決定時，會變成一個大近視眼，把事情拿到眼前放大來看，老是為了毫不重要的事情所苦。現在我知道，改變一些看法，很多事情都可以輕鬆看待。

不少人覺得做決定很恐怖，總是會把物質，金錢可能失去的恐懼放在

「他人眼光」、「擔心周遭人的說法」上。這個情況，套用生涯規劃諮商師，也是《採用標準》的作者伊賀泰代先生的說法，他說「人們比你想像地還要不在意你。」雖然發展到現在這個境界，我花了很長的時間，最近我已經可以完全不在乎他人眼光。因為根本就沒有人會記得我的失敗。

剛成為諧星時，看著舞台上表演失敗的藝人，心裡會想「感覺超差。」但當自己表演失敗，我卻從未覺得自己很慘，只想著要扳回一城。現在當我看著表演失敗的藝人朋友，心裡會替他們加油，還會想，要說些什麼，才可以激勵對方。

這樣的情況不止演藝界，經營公司等的世界也會發生同樣情形。越是挑戰越會失敗。雖說是失敗，但對我來說，是屬於挑戰的一部分，從真正的意義來說，就是邁向成功的必經之路。如果是正在挑戰某事的人一定會理解那是必經過程，所以看著別人碰壁，他們就不會覺得自己很慘。

即使如此，我們仍無法改變周遭的人，但我覺得只要不在意就行。如果要執著於周遭人的眼光，不如花時間了解自己。

有夢想的人，挑戰會伴隨而來，挑戰伴隨著失敗的風險，兩者是密不可分的。或許有些事情從旁人來看很不入流，但對擁有夢想的人來說，這是成長必須經歷的，一點也不覺得可恥。

結果無論好壞，人生的機會只有一次。即使不感覺可恥，人生也會來到終點。對想要挑戰夢想的人來說，沒有多餘的時間去在意別人眼光。即使遭遇再可恥，終有一天大家都會死。我覺得在死前，大家會忘了別人的失敗。所以在挑戰自己的夢想時，你根本沒有空去想到別人的事。

我不清楚「別人怎麼想」、「我這麼做別人一定會說什麼」、「好丟臉」這些無聊的意識會如何限制別人行為。其實這些意識造成日本的利益損失很巨大。正因為現在我在挑戰自己的夢想，享受自己的人生，實際活著，所以我不在乎他人眼光，萬一在舞台表演失敗，我也能讓自己非常享受。如果只專注在他人眼光而使人生快樂的事物流失，那就太可惜了。

# 行動就能改變未來

為了讓「人生」這個只有一次的機會有價值，必須開始行動。如果只是嘴裡叫喊著「幸運究竟會不會降臨到我身上呀！」卻漫無目的地度日，無論等多久都不會有事情改變，更不可能在默等待後，幸福突然降臨。記得我在麥肯錫過得很痛苦的那段時間，總會在心中吶喊「拜託，有個人出現來幫幫我吧！」我就這麼許願默默等待，結果什麼事也沒有發生。無論從短期或是長期眼光來看，我覺得一個人如果想改變，唯一途徑只有從自己開始行動。一旦開始行動，人生就會慢慢流動起來。

有些人覺得未來太可怕，而遲遲無法行動。其實，我們對未來常常會胡思亂想，人生是絕對無法順利照著你的計畫進行的。就在我們亂想時，世界正在改變。剛進麥肯錫上班時的我，壓根沒想到「成為諧星」這個未來。明明我連明年是否還安然活著都不能確定了，胡思亂想著未來而煩惱，實在很無聊。雖然我剛剛說，不思考未來是個問題，但太顧慮未來而無法讓自己順心行動卻又太可惜。

人類終日被想要維持現狀的執著困擾。對任何人來說，能將今日維持得像昨日一樣是最輕鬆的，每日生活的風景不變，能安穩度日。希望人生就這麼過完的人也不少。

面對風險，人有許多看法。我理解做哪些事會有風險的忐忑心情，但對未來懷抱著某個理想的人來說，不去做些什麼，反而才是有風險。不去挑戰，時間時刻在流失，人生也將迎接終點的到來。

人生不是一場耐力賽，不是明知道這一生有夢想，卻覺得「現在應該要忍耐不動。」而放棄。我以前曾把挑戰成為諧星的夢想看成是現實世界的逃避，並試圖要忽略諧星這個夢想。但現在卻找不到不實現夢想的理由。

我從以前開始，有個習慣是只要想像某個計畫就會興奮不已。就好像自己成為故事主角的心情，而感到開心。真正進行那個計畫時，會設想出許多細節，常常一想到「如果試著這麼做不知道結果會如何。」一股腦兒就想實際確認看看。當你真的照著想法去實行，會發現原本平淡無奇的日子居然成為一生難忘的記憶。果然，想改變未來要從做出決定，下定決心行動開始。

如果你有以下這些感覺：「現在的自己過得不充實」、「覺得人生就是不順」「有真正想要試試看的事」的話，從現在開始行動也不遲。與其不做而後悔，不如做了再後悔。

## 不斷修正，錯誤並不可怕

一旦開始行動，經常會遇到「事情不如想像般發展」、「跟預想的不同」的情形。別人看起來或許只能看到「失敗」。這時不要對自己說「你已經試過了，結果還是不行。放棄吧！」而要像在麥肯錫學到的那樣，俐落地說「你已經驗證完畢，發現先前的假說不夠精準。現在要著手修正。」不知道為什麼光是這麼想，會讓心裡那個失敗的感覺一掃而空。

我不覺得，挑戰結果一旦不如預期就叫做「失敗」。真正的失敗是明知心裡有想要完成的夢想，卻裹足不前。就像我不斷重複說的，要把麥肯錫的有錯立即改正的作法當作前提。不論多少次都這麼做，就像學習錯誤一樣，不放棄地讓自己往想要走的道路靠近。

## 尋求自己的正確答案

大學時期有個老師曾說過讓我印象深刻的話。當時我正好為選擇研究室而傷透腦筋，某次向某個學科教授請教如何選擇研究室的方向。老師聽完我的疑問後說「如果想要研究，任何選擇都好。那猜拳決定好了。」重要的不是做決定，而是做了決定後要如何進行。

本書至此我說了許多自己如何做決定的過程，現在才跟各位說，前面說的這些都不重要，身為作者似乎有些不負責任，但我覺得決定這個東西並沒有價值，為了決定而煩惱實在不值得。剛做了決定這件事，只不過是讓自己站在起跑點而已，未來所有一切都將從這裡開始。想到這裡，我才發覺當初自己真的花了許多無謂的精神在做決定。

想改變未來，每天恍惚度日並不好，如果只把精力都放在做決定也不是好事。只做決定，成就不了任何事。決定這件事必須要包括「將來要自己證明那是對的」覺悟才行。決定這件事本身並沒有正確或是錯誤。無論你做了什麼選擇，之後都得由自己的行動來證明那是對的。

向各位坦白一件事，我辭去工作後，有一陣子沉溺在「我做了一個很有勇氣的決定」而洋洋得意的情緒中，那時我度過了一個「只要去諧星訓練學校就滿足」的時期，其實後來我花了很長一段時間才體會到，原來諧星界非常殘酷。當我以為自己根本不適合從事諧星這個行業而想要放棄時，也曾對未來絕望地想「我在麥肯錫，大家說我不適合麥肯錫，當我轉到演藝界卻被嘲笑說我太認真。我在麥肯錫被說『沒有麥肯錫的氣質』，在演藝界被說『沒有諧星的氣質』。那世界之大究竟哪裡是我的容身之處？」

無論是誰，沒有人是一開始就能找到自己的容身之處。只能將自己決定好的地方設定為容身之處而已。我在當學生時，也花了兩、三年真正喜歡學校。進入諧星界後，我才知道原來幾年就找到容身之處也很奇怪。所謂客觀的正確答案從一開始就不存在，唯有靠自己的意志力與能力讓自己所選的道路成為正解才是一切。「持續下去」是相當重要的精神。如果結果是自己可以接受的，那麼無論旁人怎麼看待，都無所謂。

## 給無法踏出第一步的人

有些事，我想對這些心中有夢想，卻始終無法向前踏出一步的人說。付諸挑戰後，前方等待的未來不如你想像的恐怖，萬一不行，你可以退回原點。必須要事先知道的是「萬一走錯路，退回原點重新選擇就好」。

面對決定，多少都會遭遇非放手不可的事。請務必把心裡「這些事物絕對不可失去」的清單，按照優先順序排列好。絕對不可貪心。如果清單事項會因為「向前踏一步」而失去的話，絕對不可做決定。如果不是，就不會有阻礙你，猶豫不前的理由。

為了將決定時的負擔盡可能減輕，讓自己能輕易朝嶄新道路前進，絕對要有強烈的自我意識，不與他人比較，甚至要有意識地選擇環境，這件事非常重要。

如果要我建議，如何在面臨決定時，幫助的自己踏出第一步。我將上述彙整成以下三點：

1. 萬一嘗試後發現不行，只要退回原點就好。
2. 真正重要的事並沒有離我遠去。
3. 絕不與他人比較。絕對不與扯後腿的人往來。

照著以上三點，你就絕不會覺得做決定是多麼不得了的事。

如果從一開始就認定自己「我不可能做到」、「我根本沒那樣的才能」而不去挑戰，生活就會變得很容易。對擁有自我保護本能的人類來說，這些說法都非常合理。你不會感到懷疑。反正不去挑戰，日子也還能過得安穩。

「想要做的有一百人，實際去做的人只有一人，而實際去做的人，如果有一百人，持續做下去的人也只會有一人。」「想要做」跟「實際去做」之間的差異非常大，只是「實際去做」就能讓人往前踏進好幾步。這就是「實行」與「不實行」的差別。在諧星界也是，我覺得光是踏出一步，看見的風景就瞬間改變。

每個人真正想做的事，內心都有答案。內心懷抱著夢想，並察覺那個夢想，是非常幸福的事。我認為那是你完成夢想的命運。

日本伊勢物語※的第一二五段中提到，主角在原業平年老即將辭世前的詩句：「有生必有死，此語早已聞。命盡昨日今日，教人吃一驚。」意思是「我早已知悉最終必定通往的道路（死），卻未想到那會是昨日今日之事。」這是我在高中時上課學到的，至今仍印象深刻。我想應該是死亡總是在人預想不到時來到。死期在即才後悔地想「我不應該那麼早死，早知道就不要那麼在意他人眼光，大膽去完成夢想就好了。」到這地步已經太晚。

請一定要放手試試看。你將變得無視他人眼光，能挑戰內心真正想要完成的夢想，感到驕傲與開心，無論如何一切都會好好的。此時你將能活出屬於自己的人生。就當被騙一次，希望你放手一試。就算結果不盡如人意，也只要想著「好，我甘願了。」然後在與朋友聚會時把挑戰過程當作

註：《伊勢物語》是日本的和歌物語，完成於十世紀初，作者不詳。主角是在原業平（八二五～八八〇）是實際存在的人物，父親是平城天皇皇子阿保親王，是貴族中之貴族。但由於父親受「藥子之變」連累，左遷太宰府，致使業平在政界中終生不得志。

笑話說說，大家一起笑笑就算了。

如果你還是猶豫不決，請到我的表演現場來，雖然我不知道你會不會喜歡我的表演，但是我希望你能來看看我挺起胸膛努力表演的樣子，期望那能讓你恢復精神。請記住，這是你唯一一次的人生。為了活出自己的人生，對於未來，請你一定要挺直胸膛，懷抱勇氣向前踏出一步。

# Column 3

**"And most important, have the courage to follow your heart and intuition. They somehow already know what you truly want to become."**

「最重要的事情是，要有勇氣聽從你的心與直覺。因為它們已經知道你真正想要成為的樣子。」

上面這句話是APPLE創辦人史蒂芬・賈伯斯在二〇〇五年史丹佛大學的畢業典禮上，至今仍極為有名的一段話。演講中，賈伯斯提到了「死亡」，他說：「面臨死亡時，期望、自尊、羞恥與對失敗的恐懼都會即將消失，剩下的是真正重要的事物。」「請不要被他人的意見左右，而讓內在的聲音消失。」

可惜的是，我得知這段演講時是在我成為諧星之後，但我對自己正在前進的道路是肯定的。在這段演講中，我最喜歡的不單是「應該聽從你的心與直覺」，而是「要有勇氣去實行」。從經驗知道，即使你的心與頭腦知道自己真正想要做的，實際要行動時需要的是勇氣。在平凡生活中能拿出勇氣實屬困難，我能做到是因為被逼到絕境的經驗。現在的我認為，即使是那般痛苦的經驗，也是上天賜與我的禮物。

# 後記——開拓屬於自己的人生

前些日子，我與一位朋友見面，他辭去工作五年的公司，轉換跑道，到越南創業。他下了極大的決心，認真行動，完成多年以來的願望。我覺得，我跟他有很多共同處，我們一致認為「如果現在就死去，還想再多活一點時間，我們要對自己的人生不後悔」。如果是還沒成為諧星之前的我，一定不會這樣想。當時的我，總覺得自己就要這樣庸碌的過一生，而覺得忿忿不平。現在的我已經完全不同，能豁達地面對人生。我感到非常幸福。

經常有人問我，是否後悔成為諧星。是否後悔，現在我非常確定自己如果沒有挑戰成為諧星，才會抱憾終生，面對這樣的疑問，我一向都是信心滿滿地回答ＮＯ。

成為上班族，在麥肯錫這間忙碌的公司工作，對於離開這種安定的生活，我不能說沒有後悔過，但從結果來看，我確實因為麥肯錫這家公司，而找到自己真正想做的事，所以，我一點也不後悔。能做出那樣大膽的決定，挑戰想做的事，我感到相當驕傲。我相信人生中的任何經驗都有意義。能成為助人導向好的方向前進的人，我也引以為傲。

另一個我經常被詢問的問題是「你平常的行程是什麼？」每個月我都要在事務所舉辦的現場表演，做題材準備。衣服、道具跟音樂配樂都要自己準備。其他工作內容就是，參加節目即興演出、協助前輩的演出、觀賞即興演出、以及參加電視、網路、廣播節目的演出，另外相關媒體的選角、往來，協助雜誌與報紙的取材等等，剩下的時間則身兼翻譯或是家庭教師的兼職工作來補足收入。

做為諧星的年收入通常不及在麥肯錫的月薪。有時候，看著收入明細表，我都會很驚嚇。

世界上總有人能在高薪工作中勝任愉快，卻也有人在工作量大、辛勤工作中忍耐換取金錢。只要這麼思考，現在這份讓我樂在其中的工作，如果無法獲得和上班族時期同等的薪水，也沒關係。在這樣的意義下，接下來才是我要努力的重點。

當年痛下決心前迷惘的我遍尋不到一本帶給我力量的書，現在我終於完成了能帶給別人力量的書，這本書的最後，我想要跟與我當年有同樣煩惱的人說一些話。

「你尚未投奔的那個世界，因為你還未實際見識過，所以感到恐懼。但要記得那個恐怖是毫無來由的。只有經過煩惱、痛苦、而咬牙挑戰，才會見識到無法想像的風景竟然在你眼前發生。只要奮力拿出你的勇敢，會發現驚喜正在等著你。真的！痛下決心是否正確，這件事唯有你才會知道。因此，不要再徬徨猶豫，趕快前進吧！」

最後，我要在這裡由衷感謝為了此書出版而給予協助的人們。只要有一個人因為讀了本書而獲得勇氣，我將倍感榮幸。

石井輝美

國家圖書館出版品預行編目資料

辭掉麥肯錫，勇敢做自己 / 石井輝美作 ; 簡敏棻譯.
-- 初版. -- 新北市 : 智富, 2015.01

面 ;　公分. --（風向 ; 86)）

ISBN 978-986-6151-77-4（平裝）

1.自我實現 2.自我肯定

177.2　　　　103022694

風向 86

# 辭掉麥肯錫，勇敢做自己

作　　者／石井輝美
譯　　者／簡毓棻
主　　編／陳文君
責任編輯／張瑋之
封面設計／鄧宜琨
出 版 者／智富出版有限公司
發 行 人／簡玉珊
地　　址／（231）新北市新店區民生路 19 號 5 樓
電　　話／（02）2218-3277
傳　　真／（02）2218-3239（訂書專線）
　　　　　（02）2218-7539
劃撥帳號／ 19816716
戶　　名／智富出版有限公司　單次郵購總金額未滿 500 元（含），請加 50 元掛號費
世茂網站／ www.coolbooks.com.tw
排版製版／辰皓國際出版製作有限公司
印　　刷／祥新印刷股份有限公司
初版一刷／ 2015 年 1 月

I S B N ／ 978-986-6151-77-4
定　　價／ 250 元

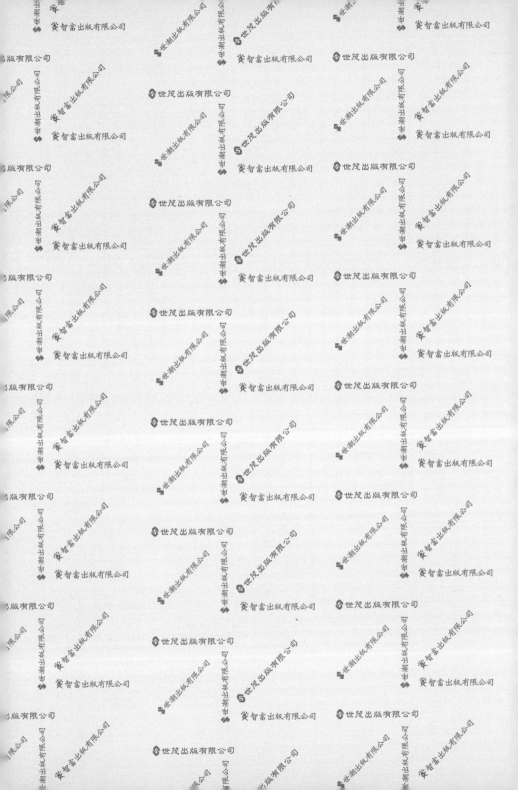